D1728660

Ludwig Rosner

Persönlichkeitsanalyse und Beurteilung
von Bewerbern und Mitarbeitern

Ludwig Rosner

Persönlichkeitsanalyse und Beurteilung von Bewerbern und Mitarbeitern

 verlag moderne industrie

CIP-Kurztitelaufnahme der Deutschen Bibliothek

Rosner, Ludwig:
Persönlichkeitsanalyse und Beurteilung von
Bewerbern und Mitarbeitern / Ludwig Rosner. –
Landsberg: verlag moderne industrie, 1985.
ISBN 3-478-14070-6

© 1985 Alle Rechte bei verlag moderne industrie AG & Co.
Buchverlag 8910 Landsberg
Satz: abc Fotosatz GmbH, Buchloe
Schutzumschlag: Hendrik van Gemert
Druck: WB-Druck, Füssen
Bindearbeiten: Thomas Buchbinderei, Augsburg
Printed in Germany 140070/185201

ISBN 3-478-14070-6

Inhaltsverzeichnis

Einleitung 11

I. Wie ist der Mensch? 13

Anlagen und Umwelt 14
Erste Anzeichen der Individualität 16
Zusammenfassung 17

II. Täuschungsmöglichkeiten 19

Die individuelle Wahrnehmung 19
Der Beurteiler 20
Das »persönliche« Menschenbild 22
Allgemeine Beurteilungsfehler 24

III. Aufbau der Persönlichkeit 27

Worauf will die Beurteilung eines Menschen hinaus? 27
Die Analyse der Persönlichkeit 28
Wie beständig ist die Persönlichkeit? 30
Dynamische und statische Persönlichkeiten 32
Die innerseelischen Vorgänge 33
»Arbeitsplatz«, »Arbeitskraft« und »Persönlichkeit« 37

Wie ist mein Haus bestellt? 38

Bewußtes – Unterbewußtes – Unbewußtes 40

Situative Bedingungen der Beurteilung 41

V. Persönlichkeit: Anlagen und Umwelt, Entwicklungstendenzen und Prägung 45

Was auf Anlagen hindeutet 46

Was die Umwelt bewirken kann 47

Zwischen Anlagen und Umwelt »wird« der Mensch 49

Familieneinflüsse können entscheidend sein 50

Motive als Wegweiser 51

Ähnliche Prägungen 54

Das Zusammentreffen von Anlagen und Umwelteinflüssen . . 56

Jahrgangs-Psychologie 60

Weitere Differenzierungen 67

Der Abriß des menschlichen Lebens 69

V. Persönlichkeitstypen 73

Äußeres Verhalten und inneres Kräftespiel 73

Die Unselbständigen 74

Beispiel »Der gute Mitarbeiter« 76

»Jobber«, Eigenverantwortliche, »Ich-Menschen« und andere . 77

Die Talentvollen 78

Der »Macher« 79

Die Verantwortung der Auswahl 82

VI. Wie ist der »Charakter«? 85

Besondere Merkmale 86

Charakter-»Dechiffrierung« 87

Charakterdeutung im Assessment-Center 89

Charakter und Entscheidung 92
Assessment-Center-Methode 93
Personalplanung: Personalqualität von morgen 95
Unternehmenspolitik als Richtschnur 96
Vorteile der Assessment-Center-Methode 99

VII. Wer ist für welche Stelle geeignet? 103

Die Auswahlkriterien 103
»Der richtige Mann am richtigen Platz«? 104
Was gehört dazu? 104
Stellenbeschreibungen und Anforderungsprofile 108
Die passenden Charaktere 109
Die Optimierung der Auswahl 110
Einiges zur Absicherung 112

VIII. Anforderungs- und Persönlichkeitsprofile 115

Das Ausleseverhältnis verbessern 116
Allgemeines Anforderungsprofil 116
Anforderungsprofil für Verkaufsbeauftragte 119
Persönlichkeitsprofile: Industrie 121
Persönlichkeitsprofile: Handel 129
Checkliste Persönlichkeitsfaktoren 135

IX. Praktische Beispiele 142

Beispiel Geschäftsführer-Nachwuchs 142
Beispiel Leiter Projekt- und Produktmanagement 158
Fachkräfte . . . Fachkräfte . . . Fachkräfte 165
Pharmareferent 167
Anlagenkaufmann 168
Telefonistin 173

Bürokaufmann 174
Techniker 175
Werbeassistentin 176
Betriebselektriker 177
Direktrice 178
Marktleiter 179
Anwältin 180
Bankkaufmann 181
Kundendienstmonteur 182
Revisor 183
Montageingenieur 184

X. Die entscheidenden Voraussetzungen 185

Unumgängliche Persönlichkeitsmerkmale 185
Was brauchen wir wirklich? 186
Entwicklungspotential des Bewerbers 189
Statistische Profilvergleiche 190
Das »Persönlichkeitsformat« 191

XI. Checklisten für die optimale Stellenbesetzung 193

Der Beurteilungsprozeß im programmatischen Ablauf 193
Das Vorstellungsgespräch 200
Assessment-Center 207
Die Entscheidungsmatrix 212
Täuschungsmöglichkeiten vorbeugen 214
10 wichtige Anforderungen 217
Fachliches Wissen und Können 217
Auffassungsgabe und Umstellungsfähigkeit 218
Kritisches und systematisches Denken 219
Qualität der Arbeitsergebnisse 221

8

Arbeitsmenge – Quantität des Arbeitsergebnisses 222

Entscheidungs- und Verantwortungsverhalten 223

Einsatz und Initiative 226

Ausdauer und Belastbarkeit 227

Zusammenarbeit – Kooperation und Kommunikation 229

Verhalten im Kundenverkehr 230

Fußnotenverzeichnis 232

Literaturverzeichnis 233

Stichwortverzeichnis 234

*Für
Marie-Luise*

Einleitung

Menschenbeurteilung und Menschenkenntnis sind Voraussetzungen und notwendige Bedingungen der Menschenführung. Wer Bewerber oder Mitarbeiter auswählt und einsetzt, benötigt ein psychologisches Fundament. Zwar ist die Fähigkeit, Menschen in ihrer Eigenart unmittelbar zu erleben, jedem Menschen mitgegeben, Führungs- und Personalverantwortliche müssen jedoch über das gefühlsmäßige Erleben hinaus die Beurteilung als rationalen Vorgang absichern. Sie sind sich der Schwierigkeiten richtiger Menschenkenntnis und Persönlichkeitsbeurteilung bewußt. Denn der Mensch

- erscheint selten so, wie er ist
- kann sich verstellen oder vordergründig anpassen
- ist in seinem Verhalten variabel und situationsabhängig
- ändert sich in seinen Zielen, Absichten und Stimmungen aufgrund äußerer Einflüsse
- unterliegt Irrtümern und Täuschungen.

Jede Führungsmaßnahme, mag sie noch so sehr vom Grundsätzlichen her richtig durchdacht sein, muß auf die Individualität des Menschen bezogen werden. Zielsetzung, Aufgaben, organisatorische Abläufe und Änderungen treffen auf den Mitarbeiter. An ihn wendet sich die einzelne Entscheidung des Vorgesetzten. Ob eine Führungsmaßnahme Erfolg haben wird oder nicht, hängt nicht zuletzt davon ab, ob die Eigenschaften und Fähigkeiten des betreffenden Mitarbeiters von vornherein berücksichtigt wurden.

Aber auch der Beurteiler unterliegt Täuschungen und Fehlurteilen. Die häufigsten sind:

- Personen werden aufgrund bestimmter Merkmale in »Schubfächer« gesteckt.
- Überbewertung von Erscheinung und Auftreten. Dabei beeinflussen persönliche Erfahrungen, Vorstellungen und Erwartungen des Beurteilers die Eindrucks- und Urteilsbildung.
- Unkritische Verarbeitung verbaler Äußerungen. Wer z.B. auf eine bestimmte Frage mit »ja« oder »nein« antwortet, hat »gewonnen« oder »verloren«.
- Das eigene Anspruchsniveau. Dort, wo man z.b. selbst sehr viel leistet und Experte ist, wird man den andern genauer prüfen und eine ähnliche Leistung erwarten. Das kann für die zu besetzende Position ohne Belang sein. Hierher gehört auch der Fehler, daß sich der Beurteiler selbst zum Maßstab der Beurteilung nimmt.
- Um ein einziges Merkmal einer Person, das stark beeindruckt (z.b. Fachwissen oder Intelligenz), erscheinen alle anderen Merkmale »vergoldet«.
- Situative Überbewertung normaler oder unwichtiger Qualifikation: Aus Tradition oder weil man beim Vorgänger bestimmte Leistungs- oder Verhaltensmerkmale vermißt hat, auf die man Wert legt, wird zu stark darauf geachtet, daß der Nachfolger nicht die gleichen Fehler wie der Vorgänger besitzt.
- Der »blinde Fleck« im eigenen Beurteilungsstil: Es gibt vorsichtige, überkritische, großzügig-nachsichtige und objektiv-differenzierte Beurteiler.

I. Wie ist der Mensch?

Das Unternehmen und seine Arbeitsorganisation stellen viele und vielfältige Fragen an den Führenden, so z.b. nach dem Sinn und den Aufgaben der Organisation, nach Kompetenz- und Verantwortungszuordnung, nach dem Maß an Selbständigkeit bzw. Abhängigkeit, nach den optimalen Bedingungen der Zusammenarbeit und den Voraussetzungen eines guten Betriebsklimas, usw. Stets ist dabei der Mensch betroffen.

Wie soll man − menschengerecht − organisieren, disponieren und entscheiden? Wie die Leistung fördern? Wie anordnen und überzeugen? Welche Bedeutung hat dabei die Information, welche Wege der Information soll man, um jeden einzelnen zu erreichen, bevorzugen? Was die Führung anbelangt: Soll man kraft Stellung oder kraft Persönlichkeit führen? Engen Kontakt halten oder auf Distanz zum Mitarbeiter gehen? Sich in die Schar seiner Mitarbeiter integrieren oder »darüber stehen«?

Alle diese Fragen lassen sich leichter beantworten, wenn man weiß, »wie der Mensch ist«, mit dem man es jeweils zu tun hat. Hat man ein fundiertes und gereiftes Bild vom Menschen, so sind die Antworten auf die täglichen Führungsprobleme leichter.

Wie also ist der Mensch? Wie kann man ihn erkennen? Was wiegt mehr, der berufliche Werdegang, die bisherige Bewährung (oder Nicht-bewährung) − oder der tiefere Blick in seine Seele?

Anlagen und Umwelt

Der Sitz der menschlichen Erbmasse sind die Gene in den Chromosomen. Sie können wir im Einzelfall nicht erforschen. Wir können aber verfolgen, was aus ihnen geworden ist. Das Verhalten des Mitarbeiters als Zeichen seiner Persönlichkeit ist das Ergebnis von Anlagen mal Umwelt. Die Frage aber, ob Anlage oder Umwelt das Verhalten mehr beeinflussen, ist nicht zu beantworten. In der fertigen Persönlichkeit ist beides enthalten. Eine Anlage kann noch so vorteilhaft sein, wenn keine Umwelt auf sie eingewirkt hat, wird sie nur schwach oder verkümmert sein. Andererseits wird eine optimale Umwelt viele, wenn nicht alle Anlagen zur Entfaltung bringen.

Die *Persönlichkeit* ist der Inbegriff aller prägenden Ereignisse in der Lebensgeschichte eines Individuums. Man kann auch sagen, sie sei das Steuerungsorgan des Leibes: Man lebt und wirkt mit seiner Persönlichkeit; an ihr erkennen uns gute alte Bekannte. An ihr erkennen wir andere. Welche Irritierung löst ein äußerlich einem Freund gleichender Mensch aus, in dem eine andere Persönlichkeit wohnt!

Die Persönlichkeit, als eine einzigartige Struktur von Eigenschaften, ist die geistig-seelische Existenz des einzelnen. Sie ist nicht von Geburt an gegeben und schon gar nicht zufällig. Anlagen werden zwar jedem in die Wiege gelegt. Doch was aus ihnen wird, hängt davon ab, was die Umwelt — prägend — daraus macht.
Folglich liegt es nahe zu fragen:

- Wie hat sich die Persönlichkeit eines Bewerbers oder Mitarbeiters entwickelt?
- Welchen Umwelteinflüssen war er ausgesetzt?
- Wie hat er die Umwelteinflüsse — seien sie gut oder schlecht gewesen — gemeistert?
- Wie ist er diejenige Persönlichkeit geworden, die er heute ist?
- Wie ist die Geschichte seines Lebens?

Die Umwelt kann es gut mit ihm gemeint haben und hat ihm alle Förderung zuteil werden lassen. Sie kann ihm aber auch vieles vorenthalten haben. Aber ist er dadurch allein zu jener Persönlichkeit geworden, wie sie heute im Leben steht? Vielleicht hat die eigene Arbeit an sich selbst manches bewirkt oder, was auch vorkommt, trotz aller Anstrengungen nichts bewirken können!

Was lag auf dem Wege zur Persönlichkeitsentwicklung? Große und kleine Schicksale, langandauernde angenehme oder unangenehme Einwirkungen, plötzliche Ereignisse, die einen tiefen Eindruck hinterließen, können prägend gewesen sein.

Wohnungs- und Schulwechsel, die Geburt eines Geschwisters (was oft das größere Kind in den Hintergrund drängt), Tod eines Elternteils können tiefe Kerben hinterlassen. Oder das Kind kommt in einer entscheidenden Entwicklungsphase in die Obhut anderer Erwachsener, womit ein Stilbruch in der Erziehung verbunden ist.

Das Umfeld kann gleich bleiben oder sich ändern; die Einwirkung der Erzieher kann konstant sein oder sich in Intervallen ändern.

Altersbedingte, gesundheitliche oder soziale Änderungen, Spannungen und Konflikte sowie Änderungen in der Intimgruppe Familie wirken stets ein, ganz zu schweigen von einer langwierigen, schweren Erkrankung, die im Inneren und Äußeren vieles zu verändern vermag.

Folgen wir den »jetzigen Spuren« eines Menschen, so sollten wir uns dafür interessieren, wie es zu diesen Spuren kam, – was in der Vergangenheit geschah, damit jetzt die Spuren des Vergangenen auf das gegenwärtige Verhalten so wirken können. War der Betreffende geliebtes Einzelkind, nicht gewolltes Erstes, ein Problemkind, der Mittlere von fünf Geschwistern? War sein Vater geschätzter Facharbeiter, Meister, selbständiger Gewerbetreibender, pflichtbewußter Beamter – oder war er Alkoholiker? Wie war die Umgebung, in der er aufwuchs, wie das familiäre Milieu?

Die »Spuren« des Vergangenen, das Gegenwärtige und sogar das Zukünftige sind wechselseitig voneinander abhängige Teile. Nach Cattell[1] ist *Persönlichkeit* dasjenige, was eine Voraussage darüber erlaubt, wie sich jemand in einer gegebenen Situation *verhalten wird.*

Was ist das Insgesamt aller früheren und jetzigen Einflüsse, die – vom Erbe abgesehen – als Bedingungen des Verhaltens in Anspruch genommen werden können? (S. 59 ff. Lebenslaufanalyse.)

Erste Anzeichen der Individualität

Der Mensch ist nicht einfach Spielball der Umwelt. Das »Bündel von Anlagen« wird sich zur Wehr setzen, so gut und wo immer es kann. Gesundheit, Kraft und Vitalität vermögen manches abzuwehren. Wo sie allerdings fehlen, bekommt die Umwelt die Oberhand. Aber schon sehr früh (noch vor dem Trotzalter!) tritt jenes Ereignis ein, das man die *Gebut des Ich* nennen kann, oft buchstäblich erkennbar an dem ersten Gebrauch des Wörtchens »ich«. (Das Kind sagt zum Beispiel nicht mehr »Bubi will haben . . .« sondern »*Ich* will . . .«).

Natürlich kann man beim Zwei- oder Dreijährigen nicht von einem Ich-Bewußtsein im Sinne des Erwachsenen sprechen. Es ist mehr ein triebhaft-gefühlsmäßiges Erleben seiner selbst, und das Kind übt sich, selbständige Handlungen zu vollziehen. Der eigene Wille schickt sich an, bestimmte Ziele durchzusetzen. Dies geschieht unter einer schon deutlichen Vorstellung seines Selbst: Der Ursprung der künftigen Persönlichkeit wird sichtbar.

Die Zielgerichtetheit ist noch unbewußt, obwohl im Mittelpunkt des Lebensbereiches des Kindes das Ich steht. Das noch »primitive«, sich bejahende Ich findet sich in einer Welt, zu der es ein Verhältnis gewinnen muß. Das ist schwer, gemessen an dieser hohen Aufgabe und dem Vermögen des kleinen Wesens. Dabei ist es ausgesprochen egozentrisch orientiert. Oft genug gewinnt die kämpfende Selbstbejahung zur *kämpfenden Selbstbehauptung* die Oberhand (erstere führt zur Ichhaftigkeit und Selbstliebe, letztere zur akzentuierten oder dominanten Selbstbehauptung) – vielleicht der Beginn eines starken Ichs für ein ganzes Menschenleben.

Man kann den Bewerber oder Mitarbeiter nach dieser Entwicklungsphase nicht fragen. Aber indirekt ergibt sich der Tenor aus der Selbstbehauptung und Dominanz des Betreffenden. Dieses Ich trifft auf die Einflüsse der Umwelt. Es wird zwar gelenkt von innen, aber auch von den Umweltbedingungen: Verhalten und Allüren von Vater, Mutter und Geschwistern, deren Vorgaben und Verlangen, den herrschenden Ansichten, Werten und Normen, die dem Kind vorgelebt werden – all das sind Bedingungen, die kraft Überlegenheit der Eltern gesetzt werden. Hier lohnen sich Fragen, zumal bei jungen

Menschen, die noch mitten in der Auseinandersetzung mit den Werten und Normen der Eltern stehen.

Das Ich wird sich nicht immer in Harmonie in der sich ändernden und Bedingungen setzenden Umwelt behaupten können. Verunsicherungen, Ängste, kleine und große Hoffnungen, die Suche nach Liebe und Geborgenheit, nach Bestätigung werden miteinander konkurrieren. Wie ist das Spiel ausgegangen? Was ist *prägend* geworden und somit geblieben?

Ein weiterer Hinweis mag für die praktische Analyse wichtig sein: Die Persönlichkeit des Menschen bildet und verhält sich nach einem inneren Plan. Der Mensch fügt sich nicht wie ein Chamäleon nahtlos in die jeweilige Umwelt ein. Sein Anpassungsvermögen ist begrenzt. Er zieht nach eigener Gesetzmäßigkeit seine Bahnen, ähnlich wie ein Planet, und nur wenn er in den Einflußbereich mächtigerer Umweltkörper gerät, verändert er insoweit und meist nur *vorübergehend* seine Bahn.

Zusammenfassung

Jeder Mensch hat seine Vergangenheit und Gegenwart und projiziert seine Haltungen, Einstellungen, Wünsche, Hoffnungen und Ängste in die Zukunft hinein. Er interpretiert aber auch seine Vergangenheit danach. Daran ist er ebenso zu erkennen wie an der »erhofften Zukunft«, nach der zu fragen man nicht vergessen sollte.

— Die Verantwortung für die Auswahl und den Einsatz von Mitarbeitern liegt beim Führenden. Es ist daher seine Pflicht, so objektiv wie nur möglich über Bewerber und Mitarbeiter zu urteilen.
— Eingedenk der Tatsache, daß Aufbau und Verhalten der Persönlichkeit sich als kompliziert erweisen, sollte er folgendes beachten:
Der Mensch ist meist nicht so, wie er sich gibt. Jeder kann sich verstellen und tut dies auch. Mitarbeiter sind in ihrem Verhalten variabel und situationsabhängig.
Jeder versucht, in möglicher Übereinstimmung mit seinem Gewissen und den Anforderungen der Umwelt zu leben.

Menschen können sich in ihren Zielen, Absichten und Motiven, aber auch in ihren Gefühlen, Stimmungen und in der Belastbarkeit aufgrund äußerer Einflüsse und innerer (physischer und psychischer) Bedingungen ändern, ohne daß dies von Dauer sein muß.

— Erster Ansatzpunkt für die Beurteilung ist die Erforschung von Anlagen und Umwelteinflüssen:
Die Wirkungen und Prägungen der Umwelt schlagen sich in der Persönlichkeit nieder. Fragen sind:
Wie hat sich der zu Beurteilende entwickelt?
Was lag für ihn »auf dem Wege«, dem er sich stellen mußte?
Was hat er bewältigt? Was nicht?
Was ist das Überdauernde — nämlich das, was seine »Persönlichkeit« ausmacht?

Eine erste Skizze kann z.B. folgende Persönlichkeitsmerkmale ergeben:

». . . Ein eher sachorientierter, besonnener, im Kontakt schwacher, belastbarer und toleranter Mensch, bei dem auch Dominanzstreben, Robustheit und Pragmatismus hervortreten. Das Selbstvertrauen ist gesund, insgesamt ist er ausgeglichen.« — Ergänzt werden diese Aussagen durch Lebenslaufdaten, die sich zehn, zwanzig oder dreißig Jahre später rückwirkend meist recht konkret belegen lassen.

II. Täuschungsmöglichkeiten

Dieselbe Person wird von verschiedenen Beobachtern selten in gleicher Weise wahrgenommen. Die Unterschiede reichen von starker Beeindruckung bis zum völligen Übersehen. Auch das, was wahrgenommen wurde, variiert stark. *Personenwahrnehmung* ist ein höchst individueller Vorgang.

Die individuelle Wahrnehmung

So verschieden wie die Wahrnehmung sind oft auch die Urteile. Die *Beurteilung* ist stets gebunden an die beurteilende Person. Diese ist kein »exakt messendes Instrument« im mathematisch-naturwissenschaftlichen Sinne. Wer eine zu beurteilende Person vor sich hat, sieht, nimmt wahr, wählt aus und ordnet ein auf *seine* – subjektive – Weise.

Der Beurteilende ist selbst ein vielschichtiges, von seinem Ich gelenktes Wesen. Er sieht, »was er sehen will« und »übersieht«, was ihn nicht interessiert. Er selektiert unbewußt so, wie er selber beschaffen ist. So wie er in bestimmter Weise nach Zielen und Motiven ausgerichtet, von seinen Haltungen und Einstellungen gelenkt ist, sieht er andere. Seine Haltung fließt in die Beurteilung ein!

Mehr als ein messendes Instrument ist die Persönlichkeit eines Beurteilers ein Gefüge von Motiven und Absichten. Das bewußte und unbewußte Wollen kann von der Ratio und der Disziplin im Beobachten, Interpretieren und Urteilen kaum je ganz ausgeschaltet werden. (Daher ist höchste Selbstdisziplin erforderlich!)

Hinzu kommen jene Fehlerquellen, die aus der *gegenseitigen Wahrnehmung* der Personen resultieren: Wie der eine auf den anderen wirkt, wie der »erste Eindruck« ausfällt, ob unterschwellige oder offene Sympathie oder Antipathie im Spiele sind: Das alles wird sich auf Wahrnehmung und Urteil auswirken.

Der Beurteiler

Der *Beurteiler* mag folgende persönliche Merkmale haben: Ordnung und Sorgfalt, Pflichtbewußtsein und Initiative, Gerechtigkeit und Objektivität. Diese werden als seine überdauernden Eigenschaften selbstverständlich auch seine Wahrnehmung und sein »Urteil« beeinflussen.

Lassen wir noch folgende Situation hinzutreten: Der Beurteiler hat gerade mit einem Mitarbeiter in puncto Ordnung, Sorgfalt und Pflichterfüllung einen »Reinfall« erlebt und diesen scharf getadelt. Das dürfte ohne weiteres zur Folge haben, daß er bei dem Bewerber gerade nach diesen Merkmalen forschen und andere womöglich vernachlässigen wird.

In Wahrnehmung und Urteil gehen auch Vorgaben und Informationen vorgesetzter Stellen und Einflüsse von anderen Dienststellen und Personen ein: der neue Vorstandsbeschluß, die Richtlinie für die aktuelle Personalpolitik, der Rationalisierungsbeschluß vom . . ., die strenger gehandhabte Kostenverantwortung usw.

Vorinformationen, wie »der Bewerber kommt von der angesehenen Konkurrenz«, »dort soll er das neue Verfahren eingeführt haben«, »will aber weg, weil er sich mit seinem Vorgesetzten nicht versteht« usw. dürften ebenso einseitig und subjektiv in die Beurteilung eingehen wie die seitens des Bewerbers gegebenen Informationen.

Die *Beobachtungsbedingungen* können ungünstig, die Beobachtungs*instrumente* wie Fragebogen oder Analyseanleitung ungeeignet sein. Zudem kann die *momentane Verfassung* des Beurteilers schlecht sein und erschwerend kommt noch sein mangelhaftes Beurteilungstraining hinzu, usw. usw. All diese und weitere Gegebenheiten gehen in die Wahrnehmung, Interpretation und in das Urteil ein.

Einflüsse auf die Wahrnehmung des Beurteilers

Überdauernde Merkmale des Beurteilers (Persönleichkeitsprägung) Aktuelle Umweltsituation des Beurteilers Vorgaben und Informationen vorgesetzter Stellen Einflüsse von anderen Personen	Vorinformationen über den Bewerber oder Mitarbeiter Informationen über die aktuelle Situation des Bewerbers oder Mitarbeiters Informationen seitens des Bewerbers/Mitarbeiters über dessen Verhalten

Beobachtungsbedingungen
Beobachtungsinstrumente
und -hilfsmittel
aktuelle Verfassung des Beurteilers
Beurteilungstraining

Ziele der Beurteilung Motive des Beurteilenden Allgemeine Lebens- und Menschenerfahrung des Beurteilenden Sensibilität und Wahrnehmungsfähigkeit des Beurteilers	Beurteilungskonzepte Neigungen, Menschen bestimmte Eigenschaften zuzuschreiben oder abzusprechen In der Person des Beurteilers liegende Beurteilungsfehler

Nun könnte man annehmen, daß die Beurteilung besser oder richtiger wird, wenn man die bekannten Fehler- bzw. Täuschungsmöglichkeiten durch Übung und Selbstdisziplin ausschließt. Damit wäre es aber noch nicht getan. *Personwahrnehmung ist nicht einfach Aufnahme von Realität sondern immer ein Kompromiß zwischen Erwartungen und Vorgefundenem!*

Das »persönliche« Menschenbild

Selten geht ein Vorgesetzter oder Personalleiter ohne bestimmte Absicht in ein Bewerbungs- oder Beurteilungsgespräch. In die Wahrnehmung und Beurteilung gehen (unbewußt und ungewollt) stets auch das Weltbild bzw. das Menschenbild ein (= persönliche Konstrukte). »Direktoren« haben ein anderes Weltbild als »Studenten«. »Prokuristen« sind in der Wahrnehmung menschlichen Verhaltens eindeutig stärker auf Verläßlichkeit, Selbstdisziplin und Anpassung ausgerichtet, »Verkaufsleiter« auf Kontaktstärke, Initiative und Überzeugungsfähigkeit. Das prägt nicht nur ihr gesamtes Bild vom Menschen sondern sie »konstruieren« danach »ihren« Menschen.

Wenn das persönliche Menschenbild in die Wahrnehmung und Beurteilung eingeht, so muß sich das nicht unbedingt negativ auswirken. Paßt dieses Bild zum Unternehmen und entspricht ihm der Bewerber, kann das für beide Seiten von Vorteil sein. Aber es objektiviert nur sehr bedingt menschliches Verhalten und beschreibt »Persönlichkeit« sehr einseitig. »Beurteile *andere und ich sage dir, wie du bist*«, ist also ebenso ein Beurteilungsgrundsatz.

Persönliche Konstrukte, man kann auch sagen »private Persönlichkeitstheroie« als Denk- und Orientierungshilfen sollen nicht ganz ausgeschlossen werden.Sie wirken als ein (scheinbar logisches) System, welches die Wahrnehmung und das Urteil organisieren und strukturieren hilft. »Den Typ kenn' ich, Schulze war genau so«; das mag stimmen (oder auch nicht!). Aber: In diesem Sinne fließen zum Beispiel Auffassungen des Beurteilers über Wert oder Unwert, Vorkommen, Häufigkeit und Ausprägung von Persönlichkeitsmerkmalen in sein Urteil ein! Das kann das Ergebnis verfälschen.

Die *private Persönlichkeitstheorie*« geht meist von unausgesprochenen und unbewußten Vorannahmen über Persönlichkeit, Persönlichkeitsmerkmale, deren Feststellung und Bewertung aus. Daran muß man denken, wenn man *be-urteilt*.

Beispiele

Für *solche* Fehler- und Täuschungsmöglichkeiten seien einige überdeutliche Beispiele angeführt:

22

Ein als *Pedant* bekannter Mann sagt nach einer Konferenz über den Leiter, der Beamter ist, »dieser sei sehr sorgfältig vorgegangen, das habe ihm besonders gefallen«. Die anderen Konferenzteilnehmer fanden Vortrag und Leitung während der ganzen Konferenzdauer als »langweilig«, »nervenaufreibend«, »zu pingelig«. Sie sagten: Der Mann *sei* »pingelig wie ein Beamter« und damit waren auch sein Vortrag und seine Leistung abgewertet.

Der Inhaber eines kleineren Industriebetriebes, der besonders bei jungen Leuten forsches Auftreten schätzt, urteilt nach einem Bewerbungsgespräch: »Alles schön und gut, er hat ja eine solide Ausbildung. Aber ein lahmer Bursche.« – Dabei handelt es sich bei dem Bewerber um einen soliden, charakterstarken jungen Mann, der sich jede Antwort sorgfältig überlegt, daher etwas langsam und monoton spricht, aber stets objektiv und realitätsnah Situationen und Umstände einschätzt und somit für die Stelle eigentlich hervorragend geeignet wäre. Er hat sie nicht bekommen.

Das junge Vorstandsmitglied einer bundesweit operierenden Lebensmittelkette – ihr »Macher« – nimmt während eines betrieblichen Assessment (Assessment-Center für prognostische Aussagen über »Führungsqualitäten«) aus dem *fünf* Nachwuchsführungskräfte hervorgehen sollen, einen aufs Korn: »Also, dieser Angeber, der Müller, gefällt mir gar nicht; ich hoffe, Sie empfehlen ihn nicht für den Aufstieg!« (Dieses Urteil war eindeutig gebunden an die beurteilende Person: Der junge Vorstand war nämlich selbst der »Star« im Konzern, zwar kein Angeber, aber von seinem hohen Selbstwert überzeugt, und der Nachwuchsmann Müller dominierte in der Gruppe – eben auch in der Manier eines »Stars« und das gefiel dem Vorstand nicht – ein typischer Fall der interpersonellen Wahrnehmung, die dem anderen das zuschreibt, was man selbst ist bzw. nicht sein möchte). Hätte sich Müller zurückgehalten, in der Sache aber positiv beigetragen, hätte er wahrscheinlich das Lob des Vorstandsmitgliedes eingeheimst.

Ein weiteres Beispiel aus innerbetrieblichen Auswahlseminaren: »Von dem hätte ich mehr Substanz erwartet«, war der einzige, für den Betroffenen aber vernichtende Ausspruch eines Vorgesetzten, als er dessen Stehgreifrede über ein ihn gerade sehr interessierendes Thema hörte.

Zugegeben, die Substanz war gering, aber der Betreffende war eben kein großer Redner. Er wirkte lieber im Stillen und zeigte bei anderen Übungen (denen der Vorgesetzte nicht beiwohnte; aber das störte diesen nicht, ein globales Urteil abzugeben) sehr viel Substanz; soviel nämlich, daß er bei den anderen Gruppenmitgliedern stets Gehör fand und informeller Führer wurde!

Hier gilt ganz besonders der Satz, »beurteile andere und ich sage Dir, wie Du bist!« Im Sinne *seiner* persönlichen Konstrukte über Wert und Unwert einer Person war der Kandidat durchgefallen, weil er kein »großer Redner« war – eine Fähigkeit, die der Beurteiler ohnehin für eine seltene Gabe hielt und deren er im besonderen Maße teilhaftig zu sein glaubte.

Allgemeine Beurteilungsfehler

Nach solchen »privaten Persönlichkeitstheorien« sind Menschen entweder »geeignet« oder »ungeeignet«, »gut« oder »schlecht«, »strebsam« oder »faul«, »aufgeschlossen« oder »verstockt«, »ernsthaft« oder »oberflächlich«, »fundiert« oder »einfache Mitläufer«. Sie sind von dieser oder jener Seite her »Marschierer« oder »müde Krieger«, »Realisten« oder »Phantasten«, »einer von dieser oder jener Sorte«. Der eine ist »zu jung für den Job«, andere »haben kein Format« oder sind einfach »ungeeignet« (ohne daß dies näher begründet wird).

Es ist nicht die Ausnahme, sondern leider die Regel, daß Beurteiler bei der Eignungsfeststellung von ausgesprochenen oder unausgesprochenen Annahmen über Persönlichkeit und Persönlichkeitsmerkmale ausgehen.

Wir werden uns mit diesen Fragen noch an anderer Stelle befassen.

Bitte achten Sie auf folgende Täuschungsmöglichkeiten bzw. Beurteilungsfehler

Neigen Sie zu besonders guter oder besonders schlechter Beurteilung (*Milde-* oder *Strengefehler*)?

Unterliegen Sie der Tendenz, *mittlere* Urteile abzugeben (und extreme Urteile zu vermeiden)?

Könnte es sein, daß Sie wegen großer Ähnlichkeit des Bewerbers in Eigenschaften und Fähigkeiten in die *Schwarzweißmalerei* abgleiten?

Haben Sie vielleicht den *einen* oder anderen *Wesenszug* zu Lasten anderer *überbewertet*?

Liegt ein *Sympathiefehler* vor? – Tendenz, einem sympathisch erlebten Mensch allgemein positive Merkmale zuzuschreiben?

Haben Sie – unbewußt – *den Bewerber an sich gemessen?* (Ihm ähnliche oder gegensätzliche Merkmale zugeschrieben wie Sie selbst besitzen?)

Hat sich möglicherweise Ihre *»private Persönlichkeitstheorie«* eingeschlichen? (Die Neigung, Menschen bestimmte Eigenschaften zuzuschreiben/oder abzusprechen und sie »in Schubladen abzulegen«?)

Was waren Ihre Erwartungen? Wurden Sie erfüllt? (Gefahr: Seine Erwartungen aufgrund von Vorannahmen oder Hypothesen in der Beobachtung und Beurteilung bestätigt zu finden!)

Haben Sie gewisse *Antworten provoziert?* (Auch wenn dies im Gespräch notwendig war, muß man doch wenigstens den Teil der eigenen Verursachung abziehen.)

Könnten Ihre Motive das Urteil einseitig beeinflußt haben?

Inwieweit haben sich *Vorinformationen* über den Bewerber bestätigt oder nicht bestätigt? Und wie haben Sie das bewertet? (Sicher hängt die Entscheidung auch von der Qualität und Zuverlässigkeit der Vorinformationen ab!)

Wie haben Sie die *Informationen seitens des Bewerbers* über dessen Vergangenheit und gegenwärtige Absichten aufgenommen (z.B. zu kritisch-skeptisch, zu leichtgläubig)?

Wie ist *Ihr »erster Eindruck«?* Können Sie ihn ausreichend detailliert und objektiv in bezug auf die zu besetzende Position formulieren?

Wie sehen andere Beurteiler den Bewerber?

III. Aufbau der Persönlichkeit

Wir beurteilen stets »den Fachmann«, »den Mitarbeiter« und »die Persönlichkeit«. Die Persönlichkeit eines Menschen ist vielschichtig und daher nicht leicht zu deuten. Zwar darf in der betrieblichen Beurteilung das tätige Verhalten im Vordergrund stehen und das Augenmerk wird sehr oft darauf gerichtet sein, was die *Ergebnisse* dieses Verhaltens sind: Was liegt *objektiv* vor und auf welche Ergebnisse kann der Bewerber verweisen? Ohne die Kenntnis der Persönlichkeitsmerkmale eines Bewerbers oder Mitarbeiters ist aber jede Beurteilung ungewiß. Sie bleibt im Vordergründigen stecken und baut sehr leicht auf Annahmen statt auf Fakten auf.

Worauf will die Beurteilung eines Menschen hinaus?

Jede Beurteilung will prüfen, ob die Inhalte der Zeugnisse, die Aussagen und Antworten im Vorstellungsgespräch glaubwürdig, »in sich stimmig« sind, ob man sich also auf sie verlassen kann. Man will wissen, ob und in welchem Fall eine Verstellung oder Täuschung vorliegt.

Eine Beurteilung will *Ausdruck* und *Eindruck* der Persönlichkeit erfassen und miteinander in Einklang bringen, will die Worte mit der Glaubwürdigkeit der Person vergleichen. Glaubwürdigkeit von Aussage, Verhalten und Erscheinung – das ist es, worauf es in einem Vorstellungsgespräch ankommt.

Beurteilung will aber stets auch ein wesentliches Stück des betreffenden Menschen erfassen, nämlich seine *Persönlichkeit*. Damit verbindet sich unter anderem die Frage, ob ein Bewerber gegenüber dem Unternehmen oder den Aufgaben, Zielen und Inhalten der Stelle die richtigen Auffassungen – sprich: die »richtige innere Haltung« – mitbringt. Es kommt also auf seine Einstellungen, seinen Charakter an. Das ist die Frage nach der *dauerhaften* Bewährung!

Der *persönliche Hintergrund* soll erhellt werden. Herkunft, Schule, Ausbildung, häusliches Milieu, Interessen, Zugehörigkeit zu gesellschaftlichen, sportlichen oder politischen Vereinigungen usw. geben indirekt darüber Auskunft. Alles, was ein Mensch in Vergangenheit oder Gegenwart erlebt, verarbeitet oder unverarbeitet »liegen gelassen« hat, gibt Aufschluß über seinen persönlichen Hintergrund und damit über seine Persönlichkeit.

»Wer ist er eigentlich?« ist die im Hintergrund stehende und bohrende Frage! Der Interviewer und Beurteiler sucht nach der Wahrheit, dem Zusammenhang zwischen den einzelnen Bausteinen, will den Menschen erkennen, die Motive erforschen, den künftigen Mitarbeiter »richtig einschätzen«.

Das ist eine sehr verantwortliche Situation, die von vielen Zufällen abhängig ist, wie wir gezeigt haben. Im Vorstellungsgespräch kann sich für einen Bewerber alles entscheiden! (Dies weiß er und versucht daher, »den besten Eindruck« zu machen.)

Die Analyse der Persönlichkeit

Umgangssprachliche Beschreibungsweisen eignen sich wenig zur Persönlichkeitsanalyse. Ein Beispiel:

Man sagt: »Müller stellt sich dumm an, wenn er eine Entscheidung selbständig treffen soll.«

Das heißt: »Müller ist dumm«
oder:
»Der dumme Müller«.

Letztlich: »Müller gehört zu den Dummen.«

Wer Menschen verantwortlich beurteilt, wird sich bemühen, genauer zu beschreiben, sich bestimmte Beschreibungsmerkmale zu eigen zu machen und unter anderem versuchen, zu einer skalierten Ausdrucksweise zu finden! Also etwa:

»Müller ist bei alltäglichen Entscheidungen routiniert und sicher.«
»Bei neuen oder plötzlichen Entscheidungen zögert er.«
»Selbständige Entscheidungen sind nicht seine Stärke, lieber informiert er sich vorher«.
usw.

Man wird dem einzelnen eher gerecht, wenn man so genau wie möglich beschreibt, was man weiß, gesehen und geprüft hat. Dann rückt die Aussage in die Nähe der objektiven Tatsachen. Das ist eine wesentliche Voraussetzung der Persönlichkeitsanalyse, von der man sich auch als Praktiker nicht zu scheuen braucht.

Jeder Mensch ist nämlich an seiner eigenen Persönlichkeit und auch an der anderer Menschen interessiert. Leider wird dennoch das Studium der Persönlichkeit bei einfachen und schwierigen Stellenbesetzungen häufig außer acht gelassen. Dies ist sicher zu einem Teil auf die Komplexität des Aufbaues der Persönlichkeit zurückzuführen. Zum anderen läßt man sich mehr von den Arbeitsprozessen und den davon abgeleiteten notwendigen Verhaltensweisen lenken. Sehr oft entscheidet jedoch die Persönlichkeit das Für und Wider bei dem Bestreben, eine Stelle »richtig«, d.h. optimal zu besetzen.

Persönlichkeit bedeutet im weitesten Sinne die Eigenart oder Eigentümlichkeit eines Menschen, die statischen und dynamischen Elemente in ihm. Die Fragen, die man sich zu stellen hat, sind: Was ist von Dauer? Was ist funktionell, »was muß er aus sich heraus tun«?

Kann es eine Kontinuität des Werdens geben ohne eine kontinuierliche Substanz? In dem Wort Persönlichkeit sind die psychologischen Gegebenheiten des Werdens, Wachsens und der Reifung enthalten. Der Mensch gewinnt erst im Wachsen das, was wir Persönlichkeit nennen, gewinnt es in der Begegnung mit der Umwelt durch Erfahrung, durch die er lernt, durch Widerstände, die er überwindet oder denen er nachgibt.

Allerdings: Was wir »Persönlichkeit« eines Menschen nennen, ist ein fiktives Schema. Es handelt sich um eine schematische Abstraktion gewisser typischer Reaktionsneigungen aus einer Gruppe von typischen Haltungen, Strebungen und Lebenszielen, die ein Mensch *seither* durchschnittlich gezeigt hat und von denen man erwartet, daß er sie auch in Zukunft zeigen wird: »Der Bewerber hat sich stets durch Pünktlichkeit und Zuverlässigkeit ausgezeichnet. In Krisensituationen bewahrt er seine innere Ruhe. Er entscheidet nie spontan ...«

Veränderungen in der Persönlichkeitsverfassung wie Resignation, emotionale Labilität, Selbstwertgefühl und psychosomatische Belastung sind meist von kurzer Dauer. Eigenartige Grundstrukturen der Persönlichkeit werden durch die Entwicklung häufig nur scheinbar verändert.

Wie beständig ist die Persönlichkeit?

Für die Bewährung in einer definierten Position kommt es vordergründig auf das Funktionelle und das Dynamische an. Das ist richtig und sehr wichtig: Kann der Betreffende aufgrund seiner körperlichen und geistigen Gaben den vorgegebenen Funktionen gerecht werden? Wird er die notwendige Dynamik entfalten können? Man will aber auch Aufschluß erlangen über das sich in einem Menschen Wandelnde, das Prozeßhafte (z.B. wird der oder die Betreffende mit der Aufgabe wachsen bzw. wann wird er/sie über die Aufgabe und Ihre Anforderungen hinauswachsen?).

Die Persönlichkeit jedes Menschen ist – unabhängig von eigenen Erklärungsversuchen und Irrtümern – unter dem Einfluß seiner Umgebung entstanden. Sie ist »einmalig«, einheitlich und konstant. Sie umfaßt alles, was einer »ist« bzw. in psychischer Hinsicht »werden kann«. Viele – Beurteiler und Beurteilte – glauben, daß die menschliche Persönlichkeit beinahe unbegrenzt veränderlich sei. Andere meinen, daß sie durch Lebensgeschichte und soziale Einflüsse gestaltet wird, was sicher auch richtig ist. Der Autor schließt sich jenen Wissenschaftlern an, die an die relative Konstanz der Grundstruktur der Persönlichkeit glauben.

Empirische Untersuchungen und praktische Erfahrungen beweisen nämlich, daß

a) die Persönlichkeit eines Menschen relativ konstant ist

30

b) daß die Entwicklung und der Einfluß der Umgebung von großer Bedeutung sind
c) daß die Lebensgeschichte und die sozialen Einflüsse gleichzusetzen sind mit dem Persönlichkeitsbild eines Menschen
d) daß »Persönlichkeit« identisch ist mit dem, was jemand in psychischer Hinsicht »immer schon war«, in der Gegenwart ist und künftig »werden kann«.

Wir können also davon ausgehen, daß die Persönlichkeit eines Menschen von relativer – d.h. gemessen an möglichen Veränderungsraten eigentlich von großer – Konstanz ist! (Daß ein guter Bekannter plötzlich ein »Anderer« wird, ist so gut wie ausgeschlossen!)

Es sind die Anlagen und die Umwelt, die den Menschen prägen (siehe Schema Anlagen und Umwelt, S. 55). Die Anlagen können als unterdurchschnittlich, als normal bzw. als überdurchschnittlich angenommen werden. Das ist die theoretisch mögliche Variationsbreite. Die Umwelt kann darauf »kaum«, »nur schwach«, »gerade richtig«, »stark« oder »zu stark« eingewirkt haben. Was ergibt sich aus diesen Konstellationen? In den neun Feldern sind die zu erwartenden Ergebnisse in bezug auf die fertige Persönlichkeit in Kurzform beschrieben.

Da die Persönlichkeit eines Menschen sehr früh entsteht bzw. in frühester Kindheit geprägt wird, lange bevor Intelligenz und bewußte Selbststeuerung eingreifen können, ist es um sie »bereits geschehen«, bevor der einzelne ein Bewußtsein darüber hat. Man kann die Persönlichkeitsgeschichte daher nur retrospektiv betrachten:

Was waren die Anlagen und die Umwelteinflüsse?
Wie waren die einzelnen Entwicklungsstadien?
Was hatte das Individuum den jeweiligen Umwelteinflüssen an angeborener vitaler Kraft, vererbter Intelligenz oder Geschick gegenüberzustellen?

Um die Persönlichkeit eines Menschen zu erfassen, muß man sich die Mühe machen, seinen Werdegang so gründlich wie nur möglich zu analysieren. Dabei sind die Fragen zu klären: Wie, mit welchen Anlagen ist er angetreten? (Familiengeschichte!) Wie waren die Einflüsse der Umwelt auf ihn? Wie ist er damit fertig geworden? Was ist schließlich aus ihm geworden?

Welche Persönlichkeitsmerkmale herrschen heute vor, die statischen oder die dynamischen? Ist er also eher ein zuverlässiger »guter, braver Mitarbeiter« oder ein aktiver, dynamischer Mensch? Und: Worauf kommt es in der zu besetzenden Stelle an?

Dynamische und statische Persönlichkeiten

Ob jemand ein »dynamischer« oder ein »statischer« Mensch ist, kann für die Auswahlentscheidung von größter Bedeutung sein. Das entsprechende Verhalten wird an dem Kräftespiel des Seelenlebens sichtbar. Dynamische treten selbstbewußt auf, haben starke Interessen, viel Spannkraft. Statische Persönlichkeiten zeichnen sich u.a. durch Fleiß, Ausdauer und Konsequenz aus. Dabei spielen Motivation (Antrieb, Bedürfnis, Streben, aber auch Instinkt), Interessen, Einstellung und Konfliktanpassung (Verhalten in Konfliktsituationen) eine wesentliche Rolle.

Vergleichen Sie zunächst die statischen und die dynamischen Elemente, die einer Persönlichkeit eigen sind. Welche herrschen bei dem einzelnen Bewerber vor?

Statische Elemente	Dynamische Elemente
Einordnung/Unterordnung	Selbständigkeit
Fleiß	Ehrgeiz/Geltungsbedürfnis
Abwarten, Zögern	Initiative
Pflichttreue	Unternehmungslust
Sicherheitsstreben	Abenteuerlichkeit/wenig Angst
Ordnungsliebe	Zerstreuung, Abwechslung
Konzentrationsfähigkeit	Einfallsreichtum
Ausdauer und Beharrlichkeit	Mut zum Risiko
Interessen (im geschützten) Privatbereich/stets abgesicherte Vorhaben	Starke Interessen, Ziele und Vorhaben
Sorgfalt und Gewissenhaftigkeit Entscheidungsschwäche	Verantwortungs- und Entscheidungsbereitschaft

Starre Anpassungsbereitschaft	Elastischer Anpassungswille
Meist geringe Spannkraft	Spannkraft
Zähigkeit	Stehvermögen u. Belastbarkeit
Konsequenz	Vitale Robustheit
Ich-Schwäche	Ich-Bewußtsein/Ich-Stärke

In der Lebenspraxis erfahren wir nur ausnahmsweise den durch und durch dynamischen oder ganz und gar statischen Menschen. In der Mehrzahl der Fälle liegt eine Mischung aus beiden Elementen vor. Dabei überwiegt eindeutig entweder das eine oder das andere, d.h. der Mensch ist entweder »überwiegend dynamisch« oder »überwiegend statisch«. (»Eine Mischung von 50 zu 50« ist zwar vorstellbar, kommt aber selten vor.)

Die innerseelischen Vorgänge

Die Menschen tragen die wahren Elemente ihrer Persönlichkeit selten offen zur Schau. Vielmehr sind sie hinter den Routinen des Umgangsverhaltens verborgen. Weil sie um den Grad ihrer Dynamik wohl wissen, versuchen sie, ihre Persönlichkeit nach außen in diesem oder jenem Sinne abgerundeter, »vollkommener« erscheinen zu lassen. Der Statische wird gern von seinen »Initiativen«, seiner »Entscheidungs- und Verantwortungsbereitschaft« oder seinen starken »Interessen« sprechen, der Dynamische von »Fleiß«, »Ausdauer« oder »Konsequenz«. Es gilt also, hinter die Kulissen zu schauen und das innerseelische Kräftespiel zu erkunden.

Wie Erscheinungsbild und innerseelische Vorgänge zusammenhängen, soll folgendes Beispiel von Peter Fabian, eines hervorragenden Facharbeiters, der aber ein »schwieriger Mensch« ist, darstellen.

Beispiel Peter Fabian

Das Erscheinungsbild	Die innerseelischen Vorgänge[2][3]

Wahrnehmbares Verhalten

Der Inhalt seiner Äußerungen enthält spürbar Kritik. An diesem und jenem hat er mal dies, mal etwas anderes auszusetzen. Überall sucht er die schwache Stelle. Er will offenbar nachweisen, daß eben vieles nicht so ist, wie es sein sollte. Warum wurde gerade ihm der schlechte Arbeitsplatz zugeteilt? Warum stuft man ihn in der Lohnskala so niedrig ein, wo er doch über ein höheres Fachkönnen verfügt? Warum teilt man ihm Kollegen zu, die mit ihm nichts zu tun haben wollen? Überhaupt ist »alles ungerecht«, was mit ihm geschieht ...

Gefühle, die für ihn typisch sind: Häufiger Mißmut, ständige Abwehrhaltung, Mißtrauen und Verdrossenheit. All das zeigt sich in seinem Erscheinungsbild, in den mißtrauischen Zügen, in der auf Abwehr eingestellten Gestik, in den harten und eckigen Bewegungen, in der affektbetonten Sprechweise.

Er ist in seiner körperlichen Haltung gespannt und unruhig, die Bewegungen sind nicht harmonisch. Im mimischen Geschehen – vor allem wenn er sich herausgefordert fühlt – wird die Tendenz zur Abwertung gegenüber allem und jedem sichtbar. »Welche Motive stehen dahinter, die dauernd Unruhe ausstrahlen?«, fragen sich viele.

Bei der Aufnahme einer neuen Arbeit ist er skeptisch: »Ob das was wird ...?« Bei Meinungsverschiedenheiten bleibt er nicht sachlich; seine Meinung ist stes subjektiv gefärbt mit dem Unterton: »Natürlich habe ich immer Unrecht.«

Der psychologische Hintergrund

Die kritische Haltung ist überzogen. Skepsis und Unzufriedenheit entstehen durch die subjektive Brille des Nörglers, der er ist. Er sieht stets mit Unbehagen in die Welt.
Darauf ist das Denken ausgerichtet. Mit allem ist er unzufrieden, nicht weil wirklich ein sachlicher Grund vorliegt, sondern weil er »nicht anders kann«. Die subjktive Brille verfälscht die Realität.

Die destruktive Einstellung wächst aus einer inneren Unausgeglichenheit. Diese belastet das Lebensgefühl. Er will und kann doch nicht. Versuchsweiser Ausgriff in Richtung Umwelt und gleichzeitige Hemmung, Selbstenfaltung und Verklemmung, bedingen sich gegenseitig und führen zu einer Stauung ungelöster Affekte.

Der Geltungstrieb ist offenbar überwertig und muß unbefriedigt bleiben. Ihn quält das unbefriedigende Erlebnis des Wollens und Nichtwollens in einem, der labile Spannungszustand, der Mangel an Selbstbestätigung, der Widerspruch von Selbsterhöhung (Geltung, Macht als Motive) und Minderwertigkeitsgefühl (infolge nicht befriedigbarer Geltung oder Macht).

Er traut sich wenig zu; sein Selbstbewußtsein ist gestört. Er braucht, wie jeder Mensch, Erfolge aus der Arbeit als Bestätigung dafür, daß er etwas kann. Er braucht die Wertschätzung anderer. Er weiß, daß seine Aggressivität nicht angepaßt ist, daß er dadurch zu-

Bei Kritik und Tadel, auch wenn sie berechtigt sind, ist er verärgert: »Immer hacken sie auf mir herum.«

Das soziale Verhalten gestaltet sich schwierig. Seine Kollegen mögen ihn nicht. Von ihm geht zwangsläufig eine negative Wirkung auf die Umgebung aus. Sein menschliches Verhalten wird allgemein abgelehnt. Er findet aber Gehör bei Kollegen, die ebenfalls scheinbar berechtigt Kritik üben. Da er sich auch bei seinem Vorgesetzten ständig Schwierigkeiten einhandelt, gerät er in eine Abseitsstellung. In dieser Isolation reagiert er auch auf harmlos gemeinte Angriffe scharf.

Dieses Verhalten führt bei ihm zwangsläufig zur ständigen **Unzufriedenheit,** zu Mißmut und Kritik. Da ihn die Umgebung ablehnt, macht er – subjektiv – laufend »schlechte Erfahrungen«, die sein Leben belasten. Der Kreislauf schließt sich: mißmutig und mißtrauisch, unzufrieden mit allem, wie er der Umwelt begegnet, reagiert diese auf ihn, so daß sich bei ihm die Überzeugung einstellt, seine Kritik sei berechtigt.

Seine Erlebniswelt ist düster, die begleitenden Gefühle sind vorwiegend negativ, die Summe der Gestimmtheit ist eher pessimistisch.

viel Energie verschleudert. Er fühlt, daß zwischen dem »wie ich bin« und »wie ich sein sollte« selten Übereinstimmung herrscht. Er vermag sich aber aus diesem Teufelskreis nicht zu befreien.

Von einem optimalen Verhalten ist er weit entfernt. Auch seiner moralischen Richtschnur kann er nicht genügen und die Wertschätzung anderer bekommt er nicht . . . Wie muß sein S e l b s t w e r t g e f ü h l gestört sein? Unbefriedigte Motive führen zu Frustration, bedrohen sein Selbstwertgefühl, und dieser sich laufend wiederholende Vorgang weckt in ihm die »Abwehrmechanismen«: die direkte und indirekte Aggression, die Verkehrung ins Gegenteil, die Fixierung auf von ihm unverarbeitete Sachen und Probleme, die Verleugnung der Realität, den Rückzug in den Schmollwinkel.

Es sind offenbar die triebhaften Schichten der Persönlichkeit, die zu normaler Triebbefriedigung unfähig sind und die hemmenden Komplexe im Unbewußten (vielleicht aufgrund frühkindlicher negativer, schockartig wirkender Erlebnisse) verankert haben.

Daraus ergeben sich die dauerhaften Einstellungen, Haltungen und »Eigenschaften« – sein »Charakter«.

So sieht jeder durch sein »subjektives Fenster« (aber glücklicherweise nicht immer so pessimistisch) in die Umwelt wie dieser Typ des ewig unzufriedenen Nörglers.

Man nimmt die Persönlichkeit »geschichtet« an. Nach Rothacker gilt eine weitgehende Autonomie der einzelnen Schichten. Die Tiefenperson ist als selbständiges Lebewesen zu betrachten (ist großenteils das »Kind in uns«). Es wird durch das »Tier in uns« unterbaut und durch den »Charakter« überformt. Das Ich ist ein punktuell zu denkendes Zentrum im Sinne eines Knotenpunktes von Bezugspunkten . . . Besser als dieses tiefenpsychologische Denkmodell eignet sich ein stärker aufgefächertes. So kann man getrennt nach den »Schubfächern« fragen:

Die 5 Schichten der Persönlichkeit

Das „denkende" Ich	Die Bewußtseinssphäre und das verantwortliche Handeln
Die „Gefühle"	Der emotionale Hintergrund des Verhaltens und Handelns
Der „Charakter"	Die dauerhaften Einstellungen, Haltungen und Handlungstendenzen
Die „Motive"	Die individualtypischen Antriebs- und Hemmkräfte
Der „Körper"	Das Wohlbefinden und die körperliche Konstitution als Kraftquelle

Sie bestimmen das aktuelle Verhalten. Dieses und insbesondere das dauerhafte Verhalten wird am stärksten von der Schicht des Charakters und der Schicht der Motive bestimmt.

»Arbeitsplatz«, »Arbeitskraft« und »Persönlichkeit«

Der Betrieb bietet »Arbeitsplätze« und sucht »Arbeitskräfte«. Er bekommt aber »Persönlichkeiten«, das heißt, Menschen mit ganz bestimmten Eigenschaften und Fähigkeiten. Die »brauchbaren« und »unbrauchbaren« Persönlichkeitseigenschaften sind ein Paket, das nicht in Teilen sondern nur in Gesamtheit einzuhandeln oder abzulehnen ist.

Der Arbeitsplatz verlangt zum Beispiel nach einem Normenfachmann. Der auf den Seiten 34—35 vorgestellte Facharbeiter ist einer und wie sich herausstellt, ein sehr guter! Er ist aber auch ein schwieriger, komplizierter, unglücklicher Mensch. Sein Erscheinungsbild und sein Verhalten zu deuten, ist nicht einfach. Die innerseelischen Vorgänge erscheinen abartig, die psychologischen und charakterologischen Grundlagen abnorm. Doch das bemerkt der Vorgesetzte erst nach und nach. Typen wie Peter Fabian kommen zum Leidwesen aller immer wieder vor. Wie ist das möglich?

Jeder Charakter ist zwar »einmalig«. Dennoch wiederholt sich seine Existenz. Verhalten und seelischer Hintergrund sind gleich, wahrscheinlich auch die Entstehungsursachen. Die Umwelt prägt sie. Sie sorgt kontinuierlich für vergleichbare Charaktere (s. Kapitel VI). Wir müssen mit ihnen leben.

Zugegeben, man soll sich vor schwierigen und in ihrem Verhalten auf den Gruppenzusammenhalt oder das Betriebsklima negativ wirkenden Charakteren schützen. Nur kann man das nicht immer. Oft entscheiden die fachlichen Fähigkeiten, die man unbedingt braucht. Der Mangel an bestimmten Fachkräften führt dazu, daß man bei der Einstellung über Persönlichkeitsmerkmale einfach hinwegsehen muß. Über Persönlichkeit und Charakter der »unbedingt erforderlichen Fachkraft« denkt man dann zu wenig nach.

Der Vorgesetzte von Menschen wie dem oben beschriebenen Facharbeiter — oft werden sie ihm von der Personalabteilung oder aus anderen Bereichen des Unternehmens zugeteilt — merkt meist erst nach einiger Zeit, daß er nicht nur den dringend benötigten Mitarbeiter und Fachmann bekommen, sondern sich auch ein Führungsproblem eingehandelt hat!

Das Beispiel steht für viele andere. Es ist die jeweils zuständige und verantwortliche Führungskraft, die Auswahl-, Einsatz- und Führungsaufgaben wahrzunehmen hat und damit mit Persönlichkeiten und Charakteren der unterschiedlichsten Art und Prägung zurechtkommen muß. Hier gibt es, von Ausnahmen abgesehen, keine Ausflucht. Folglich sollte sich jeder rechtzeitig mit Menschenkenntnis und Persönlichkeitsanalyse befassen und nach folgender Erfahrungstatsache handeln:

Mit der Besetzung eines Arbeitsplatzes wird nicht nur eine Planstelle erfüllt. Man bekommt Menschen mit ihren beruflich-fachlichen Fähigkeiten, die für die zu leistende Arbeit das benötigte Wissen, die praktischen Erfahrungen, die berufsnotwendige Übung mitbringen. Der nicht benötigte oder gar »störende Rest« der Persönlichkeit ist pauschal enthalten!

Arbeitsplatz, Arbeitskraft und Persönlichkeit sind eine Einheit. Man kann sie nicht trennen! Daher ist es notwendig, sich über die Persönlichkeit jedes Mitarbeiters ein möglichst plastisches Bild zu machen.

Wie ist mein Haus bestellt?

Die Persönlichkeit wird in der nachfolgenden Grafik als ein Haus mit fünf Etagen dargestellt. Die Assoziation »Ich und mein Haus« ist in der Psychoanalyse ein geläufiger Vergleich. Was in den einzelnen »Etagen« geschieht, entspricht dem Erleben des eigenen Ichs. Mal hat die eine, mal die andere Schicht die Oberhand. Zwischen den Schichten herrscht selten volle Harmonie. Vielmehr bekämpfen sie sich gegenseitig, geraten in Konflikt miteinander, spielen sich gegeneinander aus.

In unserem Beispiel des Facharbeiters Peter Fabian denkt das Ich, was ihm das Gefühl nahelegt. Sein Charakter zieht sich durch sein ganzes Denken, Fühlen und Handeln. Dem entsprechen seine Antriebe und Hemmungen und seine eher geringe Vitalität – ein typisches Merkmal der Persönlichkeit des »ewig unzufriedenen Nörglers« – kann ihm kein gehobenes Lebensgefühl verschaffen.

Die Persönlichkeit

5 **Ich**
(Die Schicht des Ich)
Das bewußte Denken und Handeln. (Schicht der geistigen Akte, auch Ich-Schicht) – „Was ich weiß, was ich denke, was ich will". Das Ich als das Organisationszentrum aller bewußten Handlungen.

4 **Thymos**
(Gefühlsschicht)
Die Schicht der Gefühle und Empfindungen. (Teil der psycho-vitalen Schicht, der Gefühlsregungen, des Gespürs, der sensiblen Empfindungen, des Temperaments) – „Was ich fühle, was ich empfinde, was mir mein Gefühl sagt . . .". Hier entspringt auch die Phantasie, die Kreativität.

3 **Charakter**
(der Persönlichkeitskern)
Das dauerhafte Sein. – „Wie ich bin, was mein Gewissen sagt, was meinem Gemüt entspringt; wo ich stehe und nicht anders kann". Hier wirken sich die dauerhaften Einstellungen, Haltungen und Handlungstendenzen aus, – die persönliche Gesinnung, der persönliche Geschmack. Hier entscheidet sich subjektiv die Frage: „Was ist richtig? Was ist falsch?" (Das sind die gehegten und gepflegten Bezirke der Persönlichkeit). Hier hat auch die Selbstdisziplin ihren Ursprung – der Grad der Selbststeuerung und Willenskontrolle.

2 **Antriebe**
(Die Schicht der Antriebe und Motive)
Die individuelle Motivationsbasis, was einen aktivierend, steuernd oder hemmend lenkt und dauerhaft beeinflußt. (2. Teil der psycho-vitalen Schicht). „Was mich – meist unbewußt oder ungewollt – antreibt oder hemmt, was mich bewegt; das 'Es' in mir, 'das Tier in mir', 'das Kind in mir', 'die zweite Person' in mir" (die Tiefenperson).

1 **Vitalität**
(Die Vital- und Körperschicht)
Der Körper in medizinischer Sicht. – „Wie ich mich fühle – ob gesund oder krank, stark oder schwach, welchen Widerstand ich zu entfalten vermag, wie lange ich durchhalte". Biologische Voraussetzungen und physische Reserven als Bestandteil der Gesamtpersönlichkeit.

Bewußtes – Unterbewußtes – Unbewußtes

Was ist dem zuvor beschriebenen Facharbeiter, Peter Fabian bewußt? Was ist ihm unbewußt? Bewußt ist ihm alles, was er im Sinne seiner Gefühle und Motive tut bzw. »von Hause aus« tun muß. Seine Motive sind ihm nicht bewußt. Es ist eine der erstaunlichsten Tatsachen, daß der Mensch über sich selbst am wenigsten weiß. Alle Erscheinungen seiner Umwelt hat er weitgehend erforscht, aber zwei Schichten seiner Persönlichkeit liegen im Dunkeln, die Schicht der Motive und die Schicht des Charakters. Über sie weiß er meist nur wenig und auch das Wenige stellt sich ihm verzerrt dar.

Während im Oberbau der Persönlichkeit, beim bewußten Ich, Denken und Wollen meist übereinstimmen, wird es schon bei der Klassifizierung der Gefühle schwieriger. Gefühle folgen der Stimmung, dem jeweils wirkenden Motiv. Sie sind in ihrer Aussage jedoch irrational. (»Ich habe das dunkle Gefühl . . .« oder »Ich kann meine Gefühle noch nicht recht deuten«). Vollends lassen sich die jeweils wirkenden Motive nicht beim Schopf packen. Sie sind große Täuscher, arbeiten im Verborgenen und »manipulieren« das bewußte Ich (damit es ihnen nicht auf die Schliche kommt). Sie sind Teil der »Tiefenperson« (des »Es« bzw. des »Unbewußten«), die wir wie ein selbständiges Lebewesen betrachten müssen!

Motive sieht man ebensowenig wie die charakterlichen Merkmale. Man erfährt nur ihre Wirkungen. Motive und Charakter als dynamische und statische Kräfte geben den Aktionen Ziel und Richtung, und nur daran kann man sie erkennen.

Um einen Menschen verstehen, sich in ihn hineindenken, seine Gefühle und Motive erraten und seinen Charakter deuten zu können, bedarf es normaler Fähigkeiten. Aber starkes Interesse und die Konzentration in der Beobachtung sind die wichtigsten Voraussetzungen!

Fragen zu den 5 Persönlichkeitsschichten

Das denkende Ich	Wie ist das Denken? (z.B. logisch, abstrakt, konkret). Welche Denkgewohnheiten liegen vor? Welche Denkschwächen? Ist das Denken wirklichkeitsnah? Wie sind Merkfähigkeit, Gedächtnis, Kritikfähigkeit, Phantasie usw.?
Die Gefühle	Treten Gefühle hervor oder werden sie beherrscht? Welche Gefühlsreaktionen sind typisch? Wie ist das Selbsterleben? Wie stark – oder schwach – beeinflussen Gefühle das Gesamtverhalten?
Der Charakter	Herrschen dynamische oder statische Merkmale vor? Welche Einstellungen bzw. Haltungen werden sichtbar? (z.B. Sachlichkeit, Pflichtbewußtsein, Unbekümmertheit, Schüchternheit, Gutmütigkeit, Pedanterie usw.) Welche Bereitschaft zum Handeln tritt hervor? Wie sind die Willenskräfte ausgeprägt? Wie ist insgesamt die Prägung des Charakters?
Die Motive	Welche Motive bestimmen im Augenblick und auf Dauer das Verhalten? (z.B. Bedürfnis nach Anerkennung, Sicherheit, Dominanz usw.) Welche Zweckhaftigkeit des Handelns wird sichtbar?
Der Körper	Wie ist das Äußere: Körperhaltung, Bewegungsstil, Gangart, gesundes oder krankes Aussehen, Vitalität oder physische Schwäche? Welche Krankheiten lagen oder liegen vor? Wie sind Energie und Tatkraft, die Schaffenskraft insgesamt? Wie ist die Belastbarkeit? Welche Anlagen bzw. Begabungen liegen vor?

Situative Bedingungen der Beurteilung

Der Bewerber und der Interviewer in gegenseitiger Abhängigkeit

Es wurde bereits darauf hingewiesen, daß der Mensch nicht immer so ist, wie er sich gibt, daß aber auch der Beurteilende mannigfaltigen Einflüssen und Täuschungsmöglichkeiten unterliegt. Ausdruck und Eindruck der Persönlichkeit werden subjektiv verarbeitet. Die Verantwortung für die Auswahl und den Einsatz von Mitarbeitern erfordert aber eine sorgfältige Analyse der Persönlichkeit. Diese wird erschwert einmal durch die situativen Bedingungen im entscheidenden Gespräch und zum anderen durch die gegenseitigen Einflüsse des einen auf den anderen.

Wie aber verläuft üblicherweise solch ein Gespräch, in dem entschieden wird, ob ein Bewerber angenommen oder abgelehnt wird? Man spricht über berufsbezogene Fakten, über die letzte Stelle, über Kenntnisse und Fähigkeiten, vielleicht auch über die Frage, wie man bestimmte Aufgaben oder Probleme anpacken würde. Das alles ist meist *Kommunikation auf der Verstandsebene.* Gewiß, im Geschäftsleben wird wenig über Gefühle oder seelische Hintergründe gesprochen. Die Ratio steht im Vordergrund. Man nimmt wie selbstverständlich an, daß mit Vernunft alles lösbar sei. Auch der Bewerber scheint dem Interviewer als ein Mensch, der aus seinem bewußten Ich heraus spricht (das tut er wohl auch, aber auch Wünsche, Befürchtungen und Ängste sprechen mit!) und daß er das, was er sagt, auch so meint, wie er es sagt.

Die Kommunikation auf der Verstandesebene bringt aber nur die halbe Wahrheit an den Tag. Ausdruck und Verhalten sagen unter Umständen mehr. *Gefühle* bleiben meist verborgen. Sie könnten aber einen wesentlichen Persönlichkeitsbereich – Affekte, Emotionen, Gemüt – zusätzlich erhellen. In Sprache und Gestik schwingen sie nur leicht mit; man registriet sie kaum. Vollends im Dunkeln bleiben die *Motive*, die eigentlichen Antriebe oder Hemmungen eines Menschen, und gerade auf sie kommt es an! Wenn die Motive der Persönlichkeit nicht in die Richtung weisen, die die Stelle vorgibt, dürfte man eine Einstellung gar nicht wagen.

Bewerber und Vorgesetzter bzw. die Beurteiler und der Beurteilte kommen mit bestimmten, voneinander aber abweichenden Zielvorstellungen in das Gespräch. Das Verhalten ist – unausgesprochen – davon geprägt; die beiderseitigen Motive werden zwar erahnt, sie liegen jedoch nicht offen dar.

Der Bewerber ist meist gut vorbereitet und geht konzentriert oder mit gemischten Gefühlen in das für ihn wichtige Gespräch. Es versteht sich, daß er einen guten Eindruck machen möchte. (Diejenigen, die nur dem Arbeitsamt gegenüber ihre Pflicht erfüllen und die Stelle gar nicht erhalten möchten, wollen wir hier ausklammern.)

Gedanken und Gefühle werden mobilisiert, um in jeder Phase so gut zu erscheinen, wie man glaubt, daß es der Interviewer erwartet. Der Bewerber will nur ein Stück von sich geben, sozusagen sein bestes. Er will sicher sein, daß das, was er sagt, auch so verstanden wird, wie er es sagt und daß es »ankommt«. Denn für ihn ist alles wichtig in bezug auf die Situation, in der er bestehen möchte. Andererseits wird er alles vermeiden wollen, was einem guten Abschneiden abträglich sein könnte. Womöglich fürchtet er gewisse Einsichten des Interviewers in sein Inneres; die innere Wahrheit möchte er aber für sich behalten. Echte oder vermeintliche Schwächen sollen verborgen bleiben, Stärken hingegen betont werden.

Ganz anders ist die Situation des *Beurteilers*. Er möchte sich ein klares und möglichst wirklichkeitsnahes Bild vom Bewerber machen. Er steht in der Verantwortung für die »richtige« Stellenbesetzung und muß seine Entscheidung vorgesetzten Stellen gegenüber vertreten können. Dennoch ist er in einer überlegenen Position, aus der heraus er möglicherweise Fehler macht. Der häufigste ist die Betonung der Vorgesetztenrolle.

Beurteiler und *Beurteilter* befinden sich jedoch insoweit in der gleichen Lage, als es um die richtige Besetzung bzw. den Erhalt der richtigen Stelle geht. Dem Chef ist nicht geholfen, wenn er den Falschen nimmt und der Bewerber wird enttäuscht sein, wenn sich später herausstellt, daß es für ihn nicht die richtige Stelle war.

Also liegt – betrieblich und menschlich gesehen – eine *beiderseitige* Verantwortung vor! Dessen eingedenk ist es richtig, das Gespräch *partnerschaftlich* und nicht etwa im Sinne einer hierarchischen Über- und Unterordnung zu führen.

Um in diesem Sinne verantwortlich handeln zu können, bedarf es einer auf den aktuellen Stand gebrachten Stellenbeschreibung und eines davon abgeleiteten *Anforderungsprofils*. Dieses wiederum ist in das wünschenswerte Persönlichkeitsprofil umzuwandeln. Stellenbeschreibungen sind oft veraltet oder ungenau, Anforderungen werden mehr aus Erfahrungen und persönlicher Sicht des Interviewers gedeutet und oft genug subjektiv gewertet. Ein praktikables Persönlichkeitsprofil oder Persönlichkeitsmodell liegt in den meisten Fällen nicht vor.

IV. Persönlichkeit:
Anlagen und Umwelt,
Entwicklungstendenzen und Prägung

Wer Menschen beurteilt, sollte versuchen, die Gesetzmäßigkeiten zu finden, nach denen die psychische Entwicklung des Betreffenden erfolgt ist. Dazu eignet sich sehr gut die Lebenslaufanalyse. Nicht alles im Leben eines Menschen ist für eine Beurteilung in diesem Sinne wichtig. Von der Geburt bis zur Reife gibt es aber bestimmte Phasen, auf die es bei der Analyse ankommt (s. Abriß des menschlichen Lebens, Seiten 69−71). Psychische Eigenschaften lassen sich zwar »messen«, man kann sie aber auch aus den Verhaltensweisen eines Individuums beobachtend erschließen.

Da psychische Eigenschaften und die entsprechenden Verhaltensweisen der Kommunikation und Auseinandersetzung des Individuums mit der Umwelt dienen, ist es logisch, daß sie sich ganz besonders in enger Wechselbeziehung mit eben dieser Umwelt manifestieren und daß diese Interaktion dauernd fortbesteht.

Der Mensch ist bei der Geburt kein leeres Blatt (keine »black box«), das allmählich wahllos mit den Erfahrungen beschrieben wird, welche die Umwelt vermittelt. Er trägt vielmehr von Anfang an (wie jedes Lebewesen) seine eigenen und individuellen Reaktionsmöglichkeiten in sich, und ist *nicht ausschließlich* das Produkt der »Charaktere«, der Haltungen und Fehlhaltungen, der Vorzüge und Nachteile seiner Bezugspersonen und seiner Umgebung sondern das Ergebnis eines *außerordentlich komplizierten Wechselspieles von Erbanlage und Umwelt*. (So urteilt u.a. auch Zerbin-Rubin in seiner »Vererbung und Umwelt«, Darmstadt.)

Einfach strukturierte Menschen mit wenig Eigeninitiative und Schöpferkraft sind mangels eigener Substanz den prägenden Umweltkräften in vermehrtem Maße ausgesetzt. Anders sind die Voraussetzungen bei Hochbegabten. Es bleiben Charakter und Motivation als das Beständige am Menschen. Wenn man berechnen kann, welche Kraft die Stärkere ist, wird es möglich vorauszusagen, welches Verhalten das Individuum zeigen wird.

Was auf Anlagen hindeutet

Anlagen des Menschen entfalten sich im Kontakt mit der Umwelt. Sie sind die *angeborene* Fähigkeit, durch Erbfaktoren bestimmte, noch nicht entwickelte Eigenschaften auszubilden. Klare Merkmale sind zum Beispiel Größe, Wuchs, Färbung, vitale Kräfte, Körperbautypus, aber auch Intelligenz und die Voraussetzungen psychischer Leistungsfähigkeit, wie Belastbarkeit, Dominanz. Weniger deutlich und in der Regel mit der Gesamtpersönlichkeit verbunden sind Anlagen im Bereich von Kontaktfähigkeit, Feinfühligkeit, Verläßlichkeit u.ä., weil hier ein wesentlicher Einfluß der Umwelt unbedingte Voraussetzung ist.

Die Art und Weise, wie sich der Mensch zu seiner Umwelt verhält und wie er sich ausdrückt, wird meistens vererbt: Kinder, die zupacken und sich in Auseinandersetzungen stürzen, die Probleme und Lebensschwierigkeiten angriffslustig anpacken, haben meist ähnliche Vorfahren. Diesem extravertierten Typus steht der sich auf sich selbst zurückziehende, Schwierigkeiten aus dem Weg gehende, empfindliche und zu ängstlichen Reaktionen neigende, introvertierte Mensch gegenüber.[4]

Ein vertrauender, zufriedener und fröhlicher Säugling wird, wenn er sich einmal selbständig fortbewegen kann, zu einem aktiven, den Menschen und Dingen zugewandtes, frohmütiges Kleinkind. – Quasi von alleine entwickelt sich beim Kleinkind Sympathie und Antipathie in bezug auf die Mitmenschen.

Beim Gehenlernen zeigen sich große individuelle Unterschiede. Die einen streben ungeachtet aller Stöße und Hindernisse und trotz vieler »Aua's« und Stürze mit großer Vitalität vorwärts. – Die anderen sind zögernd und ängstlich und suchen immer wieder die Hilfe der Mutter.

Der Expansionsdrang des Kleinkindes bringt es mit sich, daß es immer wieder an neue Gegenstände, in neue Räume und Weiten zu gelangen sucht (wenn es daran nicht gehindert wird!). Ein Kind, das in geordneten, stabilen Verhältnissen aufwächst, wird dabei auch die räumliche Orientierung schon zwischen dem 2. und 3. Lebensjahr sehr rasch und sicher aufbauen!

Das gesunde Kind bezieht für das Durchhalten im Spiel oder bei einer kniffligen Tätigkeit seine Tatkraft nicht aus der schier unendlichen Vitalkraft, sondern aus dem positiven Aggressionstrieb. (Läßt man ihn gewähren, bleibt er meist ein Leben lang erhalten!)

Kein Mensch ist eine bloße »genealogische« Komposition des Erbgutes der beiden Elternteile – und deren Vorfahren.

Zum Gewordensein tritt das Werden, zur Anlage die sie formende Umwelt. Dazu gehören neben den Zeichen der Zeit, ihren Problemen, Konflikten und schicksalhaften Ereignissen, ihren Werten und Normen, die gültig sind oder mit denen man im Felde liegt, selbstverständlich das häusliche und familiäre Milieu, die Bezugspersonen nach Gewichtung ihres Einflusses, der Erziehungs- und Lebensstil und nicht zuletzt die prägenden Ereignisse und Einflüsse.

Als dritter Faktor sui generis tritt in den Prozeß der Persönlichkeitswerdung der einmalige individuelle Lebensraum, wie immer man diesen auch interpretieren mag . . .

Was die Umwelt bewirken kann

Die große Anzahl von Vererbungs- und Umweltfaktoren, die zur Entwicklung der meisten Eigenschaften beitragen, läßt sich einzeln nicht nachweisen. Vererbung umfaßt die bei der Empfängnis von den Eltern beigesteuerten Gene. Ausgenommen pathologische Extreme, wie chemischer Mangel oder Ungleichgewicht bei den Genen, setzt die Vererbung der Verhaltensentwicklung nur sehr weite Grenzen. Innerhalb dieser Grenzen hängt das, was das Individuum wird, von seiner Umwelt und deren direkten oder indirekten, den gewollten oder ungewollten Einflüssen ab.

Was wirkt aus der Umwelt auf das Individuum ein? – Angefangen bei Luft und Nahrung, Sonne und Wärme oder Kälte, Liebe und Geborgenheit, Bejahung als Person, wohlwollendem Erziehungsstil und der positiven Einstellung der Mitmenschen bis hin zum jeweiligen Gegenteil. »Umwelt«, das ist die Gesamtsumme von Reizen, auf die das Individuum reagiert. Die »Umwelt« prägt von der Empfängnis bis zum Tode, und sie umfaßt eine große Zahl von Variablen.

Umwelteinflüsse beginnen früh, wie wir heute wissen, schon vor der Geburt. Ernährungsmangel, Giftstoffe, chemische oder physikalische Bedingungen der vorgeburtlichen Umwelt, über den Mutterleib übertragen, können ebenso eine tiefe und andauernde Wirkung auf die spätere physische und geistige Entwicklung ausüben wie seelische Zustände, Belastungen, Streß und dauernde Frustration der Mutter. Eine beträchtliche Entwicklungsverzögerung wird bei als mangelhaft zu charakterisierender Umwelt festzustellen sein. Mit zunehmendem Alter nimmt die Retardation sogar noch zu!

Bereits im ersten Lebensjahr des Kindes bildet sich die Grundstimmung heraus: Diese ist bei genügender Befriedigung seiner Bedürfnisse eine vertrauensvolle, der Umwelt zugewandte. Bei Frustration (Versagung vitalster Bedürfnisse) kann dagegen allmählich die Empfindung einer »feindlichen Umgebung« entstehen. Depressive Verstimmung kann die Folge sein.

Die Einheit von Mutter und Kind kann für die Entwicklung des Kindes nicht hoch genug eingeschätzt werden. In einer schlimmen Lage sind z.B. Kinder, deren Mütter gegenüber ihnen nicht eindeutig positiv eingestellt sind. Viele Mütter, die ihr Kind unbewußt ablehnen oder nicht immer für es da waren, haben Schuldgefühle. Sie kompensieren diese gelegentlich mit einer Überbesorgtheit und »Affenliebe«. Ergebnis: ein Auf und Ab zwischen aggressiven Handlungen und übetriebener Fürsorge.

Die Folgen sind mannigfaltig. Verhaltensstörungen und nervöse Symptome im Kindesalter, wie Störungen des allgemeinen Verhaltens, wie Kontaktschwäche und Stottern, der Stimmungslage und Affekte, des Trieblebens oder sozialen Verhaltens gehen ebenso zu Lasten der Umwelt wie Störungen der geistigen Entwicklung und des motorischen Verhaltens.

Es gibt viele Väter, die glauben, in der Erziehung ihrer Kinder autoritäres Gehabe, einen »festen Willen« mit Befehlen und Verboten, sowie Ermahnungen und Strafen einbringen zu müssen. Ein solcher Vater wird ein kräftiges Kind in die Opposition treiben: Gehorsam aus Furcht (wenn das Kind noch klein ist), aber auch offene oder versteckte Rebellion – Trotz, Zerstörungswut, »freche Antworten« u.ä. werden die Folgen sein. Eine so entstandene ambivalente Einstellung kann zeitlebens erhalten bleiben!

Schlimmer ist es, wenn ein weniger vitales Kind sich infolge früher Zerstörung des Urvertrauens von vornherein der Autorität des Vaters beugt und damit seine Selbständigkeit einbüßt. »Musterkinder« weisen immer Entwicklungsstörungen und neurotische Symptome auf.

Kinder, die früh ihre Aggressionskräfte unterdrücken, erlahmen rasch und entwickeln die Neigung, den Weg des geringsten Widerstandes zu gehen.

Zwischen Anlagen und Umwelt »wird« der Mensch

Es ist erwiesen, daß die Ursprünge persönlicher Merkmale und alle individuellen Unterschiede das Ergebnis der zahllosen und komplexen Wechselwirkungen zwischen der Vererbung und der Umwelt sind.

Es gibt bereits genügend wissenschaftliche Longitudinalstudien (Längsschnittuntersuchungen beim gleichen Individuum auf den verschiedenen Altersstufen). Sie erlauben, allgemeine Entwicklungsgesetze und individuelle Variationen bei gesunden Kindern zu erforschen und die besonderen Bedingungen, unter denen z.B. die jetzige Kindergeneration aufwächst, zu studieren.

Ein gegebener Umweltfaktor kann einen verschiedenartigen Einfluß ausüben, je nachdem, welches erbliche Material vorliegt, auf das er wirkt bzw. zu welchem Zeitpunkt er wirkt! (Liegt bereits eine Vorprägung der Umwelt vor, so wird z.B. der Umweltfaktor »strenger oder wohlwollender Lehrer« in dem einen Fall verstärkend auf positive Haltungen wirken, in dem anderen Fall eine negative oder aggressive Haltung verstärken.) Umgekehrt wird jeder gegebene Erbfaktor wie Intelligenz, Vitalität und Gesundheit oder Sensibilität unter gleichen Umweltbedingungen verschiedenartig wirken.

Eine Umwelt, die große Mannigfaltigkeit von Anregungen und Gelegenheiten für geistige, motorische, soziale oder künstlerische Aktionen anbietet, wird selbst die Leistung und Entwicklung des weniger oder des »Unbegabten« fördern. Umgekehrt kann in einer ungünstigen Umwelt das beste Talent verkümmern.

Familieneinflüsse können entscheidend sein

Interessant ist in diesem Zusammenhang, daß sich die Leistung der Kinder in einer Familie ungefähr auf das Niveau der »klugen« Mitglieder einpendelt. Die Familie und ihre Mitglieder sind Vermittler sozialer, »epochaler« (z.B. Krieg oder Frieden, patriarchalische, autoritäre oder demokratische Umwelt, Wohlstand oder Not, Aufbruch oder Resignation, Zuversicht oder allgemeines Sicherheitsstreben) und kultureller Einflüsse.

Familiencharakter und Familienstruktur haben einen starken Einfluß auf die Persönlichkeitsentwicklung und die individuelle Werthaltung. Erziehungshaltungen und Erziehungsstil bewirken nicht nur ein bestimmtes Verhalten sondern auch persönlichkeitsfördernde oder entwicklungshemmende Einflüsse.

In der einen Familie wird die Autonomie der Persönlichkeit bejaht und gefördert. In der anderen ist die Kontrolle des Verhaltens jedes Individuums so stark, daß für die persönliche Entwicklung nur enge Grenzen gesetzt sind. Hier erfährt das Kind oder der Heranwachsende ständige Zuwendung, dort stößt er auf Widerstand und muß stets zurückweichen.

Der Einfluß der Geschwister: Jede Stellung in der Geschwisterreihe hat ihre besonderen Vorzüge und Nachteile. Das – hoffentlich freudig begrüßte – erste Kind wird mit Liebe und Fürsorge schier erdrückt. Es muß fast immer als Experimentierstück herhalten. An ihm werden die meisten Erziehungsfehler gemacht. Es soll »vernünftig« sein und den anderen als »Vorbild« dienen. Oft fühlt es sich später bei der Ankunft des Geschwisters »entthront«. (Alle nachfolgenden müssen von Anfang an »teilen«.)

Hingegen wird das jüngste Kind solange wie möglich als »Kleines«

konserviert. Aber: Das Letztgeborene ist nur mit älteren Geschwistern zusammen und muß sich nach ihnen richten. Es ist in der Regel überfordert und muß sich anstrengen, wenn es mit ihnen Schritt halten will! (Strebsamkeit, Ehrgeiz und hohe Anforderungen an das eigene Leistungsvermögen können die Folge sein.)

Ein Kind in der Mitte der Geschwisterreihe zu sein, ist relativ einfach. Man kann sich wahlweise nach oben oder unten orientieren und segelt so im Windschatten anderer ziemlich unbeeinflußt von den Eltern mit. Allerdings kann ein solches Kind an mütterlicher Zuwendung zu kurz kommen!

Es gibt strenge Eltern und Eltern, die ihr Kind verwöhnen. Die ersteren glauben, ihrem Kind nicht zuviel Liebe geben zu dürfen. Die letzteren wollen in ihrem Kind vielleicht »wieder gut machen«, was ihnen »angetan« wurde, sie wollen die zu geringe Zuwendung kompensatorisch in eine eher zu hohe umwandeln.

So wird von Generation zu Generation das Selbsterlebte weitergegeben. Noch immer müssen die Kinder für die »Wiedergutmachung« der Sünden von gestern herhalten. Und noch immer werden Kinder für eine vergangene Gesellschaftsordnung erzogen.

Längsschnittuntersuchungen (die gesicherte Verfolgung der Entwicklung von Individuen über längere Zeit) haben u.a. folgendes ergeben: Das Ausmaß an elterlicher Unterstützung (Helfen und Fördern statt kritisieren und »streng sein«) führt regelmäßig zu emotionaler Stabilität, sozialer Angepaßtheit, positivem Selbstbild und optimistischer Zukunftsperspektive.

Das Ausmaß an elterlicher Strenge bildet beim Kind eine mehr oder weniger ausgeprägte »Gebots«- und »Verbotsorientierung«. Es kommt zum bekannten Bravheitssyndrom, einer erhöhten Bereitschaft zur sozialen Konformität, einer geringen Toleranz anderen gegenüber und einem hohen Niveau an allgemeiner Ängstlichkeit.

Das sind meist bleibende Charakterzüge.

Motive als Wegweiser

Verhalten, Handlungen und Entscheidungen eines Menschen können unter folgendem Aspekt betrachtet werden: Jede Aktion, jedes wesentliche Ereignis im Leben eines Menschen — bewußt herbeigeführt —, läßt sich auf bestimmte, die Persönlichkeit tragende *Motive* zurückführen. Der eine ist ein »Sicherheitsfanatiker«, der andere riskiert viel oder alles. Der Selbstbewußte braucht die Anerkennung anderer nicht, der mit geringerem Selbstwertgefühl Ausgestattete sucht nach Anerkennung, sozusagen ein Leben lang. Der eine steht am Rande der Gruppe, ist eher Einzelgänger, der andere geht voll in der Gruppe auf. So sind diese und alle anderen Bedürfnisse individuell verschieden. Sie charakterisieren das Individuum.

Daher müssen im Einzelfall *die Motive des Verhaltens entschlüsselt* werden. Es wäre nämlich zu wenig, nur auf die Erscheinungsformen von Verhaltensweisen zu achten und darauf zu reagieren und zum Beispiel auf dieser Grundlage eine personelle Entscheidung zu treffen. (Ähnlich wie ein Arzt bei Fieber nicht einfach ein fieberdämpfendes Mittel verschrieben wird, ohne die Krankheitsursachen erforscht zu haben.) *Entscheidend ist zu erkennen, was die Ursache des Verhaltens ist:* das dahinter stehende Motiv.

Es kann z.B. das Bedürfnis nach *Sicherheit* sein. Dieses kann sich in mannigfaltiger Weise äußern. *Durch Fragen kann man prüfen, worauf der Betreffende besonderen Wert legt:*

Gerechtigkeit im Umgang
Beständigkeit im Verhalten
freundlicher Ton, enger Kontakt
Rechte des Älteren bzw. des Jüngeren
allgemein gültige, plausible Verhaltensregeln
vertragliche Absicherung
usw.

Ein ähnliches Bedürfnis ist dasjenige nach *Orientierung,* d.h. nach Information:

frühzeitige und vollständige Information
ins Vertrauen gezogen werden
klare Arbeitsplatzunterweisung
regelmäßige Mitarbeitergespräche
wissen, »wo es lang geht«
u.ä.

Bei vielen wird es ein Bedürfnis nach *Zugehörigkeit* sein:

Zugehörigkeitsgefühle, Mitglied der Gruppe sein
persönlicher Kontakt
regelmäßige Gespräche
Pflege der Arbeits- oder Freizeitgruppe
Wunsch, bei Zielsetzung und Aufgabenstellung hinzugezogen zu werden
keine großen hierarchischen Unterschiede

Das Bedürfnis nach *Entfaltung und Erfolg* kann sich äußern:

Wunsch nach herausragender Aufgabenstellung
Zuteilung von Entscheidungsbefugnissen
eigener Verantwortungsbereich
objektive Wertung des eigenen Beitrages
Grad der Selbständigkeit

Ich-Bedürfnisse können sich zeigen:

Eigenwilligkeit und Trotz
starkes Selbstwertgefühl
schnelle Beleidigung
Wunsch akzeptiert zu werden
Gleichbehandlung
Bedürfnis nach Zuneigung
u.a.

Motiv ist ein Faktor, der in die Aktivierung und Steuerung des Verhaltens eingreift. Es ist bemerkens- und beachtenswert, daß jeder Mensch seine individuelle Rangfolge und Stärke der Motive hat, die auf lange Dauer sein Verhalten bestimmen.

Um das Verhalten und Sein einer Persönlichkeit besser verstehen und analysieren zu können, ist es von Nutzen, sich auf diese, ähnlich wie der Arzt oder Psychologe, *empathisch* einzustellen. Im übertragenen Sinne heißt das: wohlwollend distanziert, weder der Sympathie, noch der Antipathie folgend, den Kontakt als Mittel der Wahrnehmung und Einfühlung nutzend. Menschenkenntnis gewinnt man am besten aus dieser empathischen, eher also nüchternen und sachlichen Einstellung — und aus der *Eigenerkenntnis*.

Ähnliche Prägungen

Die Ähnlichkeit der Menschen ist nämlich größer als man annimmt. Es gibt *keine* Unendlichkeit der Individualtypen, sondern nur eine *begrenzte Vielfalt* von Persönlichkeitstypen. Anlagen und Umwelt wirken wie gezeigt wurde, zusammen und die relativ gute Vergleichbarkeit zwischen den Menschen ist zum größten Teil auf *ähnliche* oder *vergleichbare Umweltbedingungen* zurückzuführen! Hiervon wird noch später die Rede sein. Die Verlaufskurven für Persönlichkeitsmerkmale sind in ihrer Stabilität über die Zeit hinweg erstaunlich. So läßt sich das »Gesamtergebnis« von Anlagen und Umwelt auf Seite 58 ohne große Schwierigkeiten im persönlichen Umfeld und Bekanntenkreis nachvollziehen.

Insbesondere zeigt sich die Stabilität für das Merkmal Intelligenz, für die Merkmale Beeinflußbarkeit, Angepaßtheit und Gehorsam. Aber auch die Persönlichkeitsstrukturen nach den Feldern 4 bis 9 erweisen sich als überraschend langlebig.

Weniger stabil sind zum Beispiel die Werthaltungen, die Selbstbeurteilungen und Einstellungen. Sie unterliegen im Laufe der Zeit bei vielen Menschen einem deutlichen Wandel.

Und noch eines ist von Bedeutung: Die Wirkung der gleichen organischen Umwelt, des gleichen Erziehungsstiles und der gleichen Lernumwelt kann überaus unterschiedlich sein, wenn a) verschiedene Individuen diesen Umwelteinflüssen konfrontiert werden und wenn b) diese Individuen zum Zeitpunkt der Umwelteinwirkung unterschiedlich weit entwickelt und gereift sind!

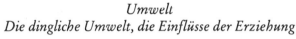

Umwelt
Die dingliche Umwelt, die Einflüsse der Erziehung
waren

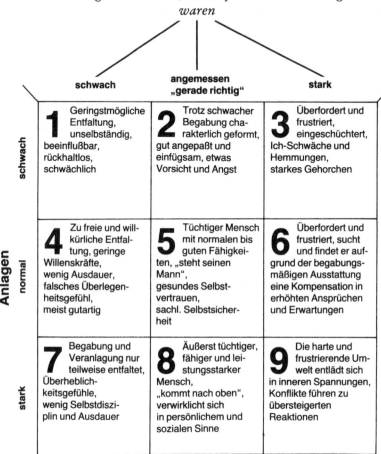

	schwach	angemessen „gerade richtig"	stark
schwach	**1** Geringstmögliche Entfaltung, unselbständig, beeinflußbar, rückhaltlos, schwächlich	**2** Trotz schwacher Begabung charakterlich geformt, gut angepaßt und einfügsam, etwas Vorsicht und Angst	**3** Überfordert und frustriert, eingeschüchtert, Ich-Schwäche und Hemmungen, starkes Gehorchen
normal	**4** Zu freie und willkürliche Entfaltung, geringe Willenskräfte, wenig Ausdauer, falsches Überlegenheitsgefühl, meist gutartig	**5** Tüchtiger Mensch mit normalen bis guten Fähigkeiten, „steht seinen Mann", gesundes Selbstvertrauen, sachl. Selbstsicherheit	**6** Überfordert und frustriert, sucht und findet er aufgrund der begabungsmäßigen Ausstattung eine Kompensation in erhöhten Ansprüchen und Erwartungen
stark	**7** Begabung und Veranlagung nur teilweise entfaltet, Überheblichkeitsgefühle, wenig Selbstdisziplin und Ausdauer	**8** Äußerst tüchtiger, fähiger und leistungsstarker Mensch, „kommt nach oben", verwirklicht sich in persönlichem und sozialen Sinne	**9** Die harte und frustrierende Umwelt entlädt sich in inneren Spannungen, Konflikte führen zu übersteigerten Reaktionen

Anlagen

Das Zusammentreffen von Anlagen und Umwelteinflüssen

Die Forschungsarbeit auf dem Gebiet der Persönlichkeitstheorie ist noch nicht beendet, d.h. sie ist eigentlich noch in vollem Gange. Anstelle der Aneinanderreihung der derzeit vorliegenden Persönlichkeitstheorien – was dem Praktiker nur wenig nützen würde – folgt der Autor den im Literaturverzeichnis genannten Werken von Schneewind, Hermann, Kompa, Sader und Schirmer, insbesondere aber der Anlagen-Umwelt-Theorie.

Die Anlagen-Umwelt-Theorie zieht sich nicht nur seit Freud über alle anderen »Schulen der Psychologie« bis in die Gegenwart hinein. Sie ist und bleibt wohl ein »Klassiker« der Psychologie.

Sie ist wissenschaftlich belegt und kaum ein Lehrer und Autor kommt an ihr vorbei. Sie ist aber auch »nachvollziehbar«. Der Praktiker kann in der Lebenslaufanalyse und im explorativen (ausforschenden) Interview nach allem forschen. Was letztlich die Persönlichkeit in ihrer *Faktorenanalyse* (16-Faktoren-Profil anbelangt, was sie ist und was sie ausmacht, kann nicht besser eruiert werden als über das, was gestern war, was heute ist und was morgen (möglicherweise) sein wird.

Die Eigendynamik des »Lebewesens Mensch« ist zwar beachtlich, die Plastizität der Persönlichkeit, d.h. ihre Beeinflußbarkeit und Verformbarkeit ist jedoch gering. Legt man das 9-er-Schema »Umwelt – Anlagen« zu Grunde so stehen in den 9 Feldern folgende Charakter- bzw. Persönlichkeitstypen.

		schwach	angemessen „gerade richtig"	stark
Anlagen	**schwach**	Typus des Labilen, Schwächlings oder Rückhaltlosen	Typus des Ängstlichen oder Übervorsichtigen, Unselbständigen oder „blind" Zuverlässigen	Typus des Schüchternen, Gehemmten, „Braven" oder Gehorchers
	normal	Typus des Unkomplizierten, Nicht-Strebers, Überheblichen, „Jobbers" oder Willenlosen	Typus des Sachlich-Selbst-sicheren, Eigenverant-wortlichen, „gesunden" Strebers oder Eigenständigen	Typus des Gehemmten, Ehrgeizigen, Geltungsbedürftigen, Ich- oder Machtmenschen
	stark	Typus des Überheblichen, Träumers, Narziss, Muttersöhnchens oder des verbummelten Genies	Typus des Begabten und Gereiften, des Überdurchschnitt-liches Leistenden Machers, Karrieristen	Typus des Gespannten, konfliktbeladenen und verkrampften Frustrierten oder Verbohrten, Despoten oder „Revoluzzers"

Der neugeborene Mensch hat als natürliches Erbe eine mehr oder weniger gute Intelligenz, Vitalität, Sensibilität und Motorik. Diese Anlagen drängen nach körperlicher, geistiger und seelischer Entwicklung. Auf die naturgegebene Veranlagung wirken Erziehung und Umwelt ein. Wie sich die graduell unterschiedlichen Anlagen und Umwelteinflüsse auswirken, zeigt das obige Schema. In der folgenden Darstellung sind Anlagen bzw. Umwelt- und Erziehungseinflüsse und die *Ergebnisse* weiter aufgeschlüsselt.

	schwach bis sehr schwach	„gerade richtig"	stark bis sehr stark
unterdurchschnittlich	**1** War wenig gefordert und gefördert. Folge: Unterentwicklung und Stagnation. Einer, „mit dem man alles machen kann". Typen: Der Labile, Schwächling, „Sozialfall" oder der „ohne Rückgrat", – Menschen die äußeren Einflüssen widerstandslos unterliegen.	**2** Entsprechend gefordert und gefördert, d.h. die Erziehung war richtig auf die Anlagen abgestimmt, stehen in diesem Feld die Typen des Vorsichtigen, Ängstlichen, Anpassungs- und Unterordnungsbereiten, des Unselbständigen, aber Zuverlässigen.	**3** Stets gefordert und überfordert, entsteht der Typus des Eingeschüchterten, des Mutlosen und Gehemmten, des Anpassers und Gehorchers, des Überängstlichen usw. Es sind Menschen ohne Selbständigkeit, denen man alles vorschreiben muß.
Anlagen normal	**4** Infolge Unterforderung sind Ziele und persönliches Anspruchsniveau geringer als es den Fähigkeiten entspricht. Typen: Der Undisziplinierte, „Spieler" (greift immer wieder Neues auf und führt nichts zu Ende) oder Konzentrationsunfähige und Ungeduldige.	**5** Infolge gut abgestimmten Erziehungseinflusses haben Gaben und Entwicklungskräfte die richtige Disziplinierung gefunden. Typen: Realisten, Urteilsfähige, Initiatoren, gesunde Streber usw. Sie „stehen ihren Mann".	**6** Überstrenge Erziehung und/ oder harte Umweltbedingungen haben Hemmungen erzeugt. Sie äußern sich in Minderwertigkeits-, Unzulänglichkeits- oder Unterlegenheitsgefühlen. Typen: Ehrgeizige, Geltungsbedürftige, primitive Angeber, wehleidige, ichbezogene Egoisten, Machtmenschen.
überdurchschnittlich	**7** Der Talentvolle, aber nie recht Geforderte; nutzt seine Gaben nicht. Es fehlen Selbstdisziplin und Selbstbeherrschung. Er weicht Schwierigkeiten aus. Typen: Das begabte Muttersöhnchen, der Träumer, der Narziss, der „Spätentwickler".	**8** Wenn überdurchschnittliche Anlagen einer vernünftig abgewogenen Erziehung gegenüberstehen, sehen wir die Tüchtigen und Erfolgreichen. Typen: der Überdurchschnittliches Leistende, der Überflieger, Karrieremacher und Führer. – Die sich selbst verwirklichenden „Macher".	**9** Ein Übermaß an Erziehungs- und Umwelteinflüssen führt zu fruchtlosen inneren Spannungen und Konflikten. Folge: einseitig forciertes Durchsetzungsbedürfnis. Typen: der Verkrampfte, der begabte Sonderling, der Verbohrte, der „Verkünder". Sie alle stehen sich selbst und anderen im Wege.

Neben den Anlagen ist es die Umwelt, das in ihr und durch sie Erfahrene und Erlebte, was die Persönlichkeit prägt. »Persönlichkeit« bleibt zurück als Ergebnis der so oder so gelungenen Auseinandersetzung des Individuums mit seiner Umwelt. Wie archäologische Schichten beherbergt das Unterbewußte (das »Verdrängte« und Vorbewußte) den Schlüssel zum Erkennen bestandener oder nicht bestandener Auseinandersetzungen und Kämpfe. Was zurückbleibt, sind »Kerben« von Siegen und Niederlagen, gewonnenen Stärken und Narben, von gewordenen Einstellungen und Haltungen, von Mut und Resignation...

Prüfen Sie das Zusammenwirken von Anlagen und Umwelt nach folgender Checkliste:

Anlagen

Welche erkennbaren Ansätze finden Sie bei Intelligenzleistungen?

Welche Voraussetzungen liegen in bezug auf die berufsspezifischen Leistungen vor?

Ist das – anlagemäßige – Verhalten emotional oder rational geprägt?

Welcher Erscheinungstypus liegt vor (z.B. Athletiker, Pykniker, Leptosom, Introvertierter-Extravertierter usw.)?

Sind körperliche, geistige, sensitive und motorische Anlagen so, wie sie in der entsprechenden Position benötigt werden?

Umwelt

Wie waren die Lebens- und Entwicklungsbedingungen?

Welche Merkmale des Verhaltens oder Erlebens fallen auf?

Welcher Bewährungs- oder Selektionsdruck lag vor? (Waren z.B. Umwelt- und Erziehungsbedingungen »zu hart«, fordernd und fördernd im Sinne von »gerade richtig« oder »zu schwach«, gemessen an der Anlage?)

Welche Voraussetzungen bestimmten das Zusammenwirken von Anlagen und Umwelt? (Wie war z.B. das familiäre Milieu? Wie das Umfeld in bezug auf örtliche »gesellschaftliche« Bedingungen? Wo wuchs der Bewerber auf und unter welchen Bedingungen mußte er sich bewähren?)

Ist er insgesamt umweltstabil oder umweltlabil geworden?

Nach welchen – bewußten bzw. gelebten – Normen verhält er sich?

Jahrgangs-Psychologie

Da die Umwelteinflüsse für eine große Zahl von Menschen aus dem gleichen Gebiet bzw. Lebensraum und bei gleichen oder vergleichbaren Erziehunsgrundsätzen ähnliche Voraussetzungen bilden, nach ähnlichen Normen verlaufen und für das Individuum gleiche oder vergleichbare Regeln des Verhaltens setzen, müßten folglich auch die Ergebnisse – sprich: Persönlichkeiten – vergleichbar sein! Erlebtes und Erfahrenes prägt. Begabungen (Anlagen) stehen erzieherischen und gewollten oder nicht beabsichtigten Umwelteinflüssen entgegen. *Das Werden der Persönlichkeit findet in diesem Kräftepotential statt!*

Personen, die – um eine erste Gruppe herauszugreifen – 1940 im Ruhrgebiet gelebt haben, sind in dieser oder jener Hinsicht »Kriegsgeschädigte« mit vergleichbaren Erlebnissen. Die persönlichkeitsprägenden Jahre, das sind besonders die ersten fünf oder sechs Jahre im Leben eines Menschen, haben ihnen ähnlich Unangenehmes und Böses beschert. Was sie gemeinsam erlebten, hat sie auch in vieler Hinsicht gemeinsam geprägt.

Erweitert man den geografischen Rahmen auf andere Gebiete, zum Beispiel auf das ehemalige Reichsgebiet, so sieht die Liste der Umwelteinflüsse für die im Krieg geprägten Jahrgänge in groben Zügen wie folgt aus:

Jahrgang 1939. Er steht heute mitten im Leben. Die meisten haben Familie, privat und als Mitglied der verantwortlichen Generation sind sie etabliert. Was liegt hinter ihnen? Was hat sie geprägt? – Der Kriegsbeginn, vielleicht von Anfang an die Tatsache, daß der Vater eingezogen war, dessen kürzere oder langfristige Kriegsteilnahme und Gefangenschaft, die Tatsache jedenfalls, daß der Vater meist »nicht verfügbar« war, daß der Wohnort im Kriegs- oder Aufmarschgebiet lag, die Art und Weise, wie die Restfamilie lebte und ernährt wurde, wie die Mutter Liebe und Geborgenheit gab oder nicht geben konnte. Das alles ist heute nicht bewußt, hat aber diesen Jahrgang geprägt. Nur aus Erzählungen ist es für den einzelnen rekonstruierbar, es ist »dunkle Geschichte«, wie der Dreißigjährige Krieg. Es ist selbst Erlebtes, aber nicht bewußt Gestaltetes.

Jahrgang 1945. Es ist ein Kriegsjahrgang wie die Jahrgänge 1940,

1941, 1942, 1943, 1944. Dennoch liegt eine besondere Situation vor, was Geburt, Umweltbedingungen, Erziehung und gesellschaftliche Normung anbelangt. Es war das Jahr des Zusammenbruchs des »Dritten Reiches«, ein Ereignis, das an keinem Erwachsenen, an keinem der Väter oder Mütter dieses Jahrgangs spurlos vorüberging. Was die Eltern erlebten, übertrug sich auf die Kinder. Eine Epoche ging zu Ende, ein Reich brach zusammen, Glaube und Hoffnung vieler wurden zerstört, Ereignisse hinterließen unheilbare Narben, es herrschte Not. Ein Neubeginn schien für viele unmöglich. Nur in Ausnahmesituationen blieben die Kinder davon verschont.

Das Werden der Persönlichkeit dieser Kriegsjahrgänge war in stärkstem Maße von dem abhängig, was die Umwelt bot bzw. an Lebenserschwernissen der Familie auferlegte; aber auch von dem, was Eltern des einzelnen verkraften konnten, was sie trotz ihrer persönlichen Schicksale dem Kind noch geben konnten und gegeben haben, trotz eigener Not. Mancher dieses Jahrgangs hatte Glück, daß die Kriegsereignisse die Familie nicht oder nur wenig trafen. Andere profitierten von dem Vorzug vitaler, starker Beschützer. Im Schutz, in der Geborgenheit starker Eltern oder Einzelpersonen, die ihnen Liebe gaben, wuchsen sie heran. Andere trafen diese Zeiten und Ereignisse in voller Realität und mit der Wucht der Ereignisse. Sie wurden hart mitgenommen, und das konnte nicht ohne Einwirkung auf ihre Persönlichkeit bleiben!

Im Einzelfall wird man diesen und den nachfolgenden Jahrgängen der Individualgeschichte nachgehen müssen. Die Betreffenden können betroffen oder nicht betroffen, in Glück oder Unglück geraten sein. Wie war es in dem konkreten Fall eines Bewerbers?

Jahrgang 1950. Friede seit fünf Jahren. Der Elterngeneration ist das Kriegserlebnis noch nicht von der Seele genommen. Geboren wurden sie um 1920, auch kurz nach einem Krieg (der wahrscheinlich an ihren Erzeugern und Erziehern nicht spurlos vorüberging, diese also prägte und in der Behandlung und Erziehung der Kinder seinen Niederschlag gefunden hat). »Hineingeboren« wurden die Eltern des Jahrganges 1950 in die schwierigen 20er Jahre, wurden in den Dreißigern »erzogen«, hatten in den Vierzigern ihre Erlebnisse im Krieg und vielleicht in Gefangenschaft. Vielleicht ist der Vater ein schwer Kriegsverletzter oder Spätheimkehrer.

Das alles fand direkt oder indirekt Eingang in das erzieherische und familiäre Milieu. Je nachdem, wie Eltern, Verwandte, Erziehungspersonen litten, was sie seelisch davon verkraften konnten, wie sie das ihnen neu geschenkte Leben nach dem Kriege zu meistern vermochten – oder nicht – so war der Gesamteinfluß der Umwelt auf die Kinder dieses Jahrganges einschließlich der gewollten Erziehung. Für die 1950 Geborenen, die bis etwa 1956 im Schoß der Familie zum Menschen – zu ihrer Persönlichkeit – gewordenen Individuen, gilt nur der Friede. Mit ihrer Lebensdarstellung beginnen sie meist 1956, d.h. mit dem Zeitpunkt ihrer Einschulung, und sie sagen etwa: »Seither war alles geregelt.« Sie behaupten, »man litt keine Not, für die Kinder wurde gesorgt; sie gingen zur Schule, wurden »in jeder Weise gefördert«. Sie traten ins Berufsleben, wurden Ende der 60er oder Anfang der 70er Jahre schnell in den Arbeitsprozeß eingereiht, kamen voran, verdienten gut und verfügen heute über einen beachtlichen Lebensstandard.

Jahrgang 1960. Welche Grunderlebnisse, welche sozialen Haltungen, welche Lebensprinzipien sind von dieser Jugendgeneration so »eingeübt« worden, daß sie Bestandteile ihrer Persönlichkeit geworden sind? Was gilt als beständige Reaktionsgrundlage ihres kommenden Erwachsenendaseins?

War die Grunderfahrung ihrer Eltern die der sozialen Unsicherheit, einer längeren Gefährdung des Menschen von außen und innen, das Erleben des Plötzlichen, Zufälligen und Versehrbaren jeder Existenz, so ist ihre Grunderfahrung die der permanenten sozialen Sicherheit. Was ist das Besondere, was die Angehörigen des Jahrganges 1960 erlebt haben? Wie sehen sie es selbst? Was hat sie geprägt? Wie finden sie die Zeit, in die sie hineingeboren sind, die Gesellschaft und ihre Normen, die wirtschaftlichen und sozialen Verhältnisse usw.?

Stellvertretend für viele berichten darüber zwei Angehörige dieses Jahrganges. Zunächst die Stimme der jungen Frau, zur Zeit Studentin der Betriebswirtschaft: »Ich war immer recht gut behütet. Ich hatte überhaupt keine Angst vor der Zukunft – auch jetzt in dieser Zeit nicht. Ich lebte immer mit dem Gefühl, daß ich was kann, daß ich immer etwas machen werde, daß ich nie arbeitslos sein werde. – Ich habe nicht vor, ein Leben lang Betriebswirtschaft zu machen. Ich ging zur Hauptschule, habe den Zehnjahres-Abschluß; dann habe ich eine Lehre als Arzthelferin gemacht. Weitere zwei Jahre war ich noch im Beruf. − Aber die zwölf Stunden am Tage waren mit Sport und Freizeitinteressen auf Dauer nicht vereinbar. Ich habe gekündigt und das Fachabitur nachgeholt. Alles ist gut gelaufen, wie ich es mir vorgestellt hatte. Mein Vater meinte zwar: ›Das packst du nie!‹, aber das hat mich nicht gekümmert.

Ich habe dann verschiedene Jobs angenommen, bin Taxi gefahren, war beim Jugendamt beschäftigt und habe vieles andere gemacht. Eigentlich waren es alles zumindest zeitweise von mir sehr ernst genommene Aufgaben. − Zu Hause bin ich nicht verwöhnt worden. Der Druck war eher stark. Ich habe viel meinem Vater geholfen, weniger im Haushalt. Vater war streng. ›Behütete Kindheit‹ und ›Arbeitsleben‹ sind für mich keine Gegensätze. Ich habe immer noch ein rosarotes Bild von der Wirklichkeit. Ich traue mir zu, immer etwas zu finden. Arbeitslos werde ich wohl nie.«

Der junge Mann, ebenfalls Student, berichtet − psychologisch interpretiert − ähnlich: »Ich bin in den Wohlstand hineingeboren. Es ist nicht nur die Masse an Konsum, was ich meine. Allgemein ging es allen gut und man war sich sicher, daß es so bleibt. Ich konnte aufs Gymnasium. Es war normal, daß man aufs Gymnasium kam, wenn man in der Grundschule gute Noten hatte, man bleibt einige Jahre dort, macht sein Abitur und dann ist man ein gemachter Mann.

Während ich zum Gymnasium ging, dachte ich immer, man kann sich aus einer riesigen Vielfalt jetzt oder später immer das aussuchen, was einem Spaß macht. − Ich studiere nun schon sechs Jahre, habe das Diplom in Graphic Design, will an der Hochschule bleiben und Professor werden und da sah ich von Anfang an, daß es eine Schwemme an Akademikern gibt. Die Möglichkeiten unterzukommen, sind beschränkt. Das war für uns alle eine ganz neue Welt, in der wir uns befinden. Alles, was ich zehn Jahre lang dachte, stimmt nun nicht mehr. Sehe ich meine Kommilitonen, dann haben viele erst einmal irgendwo hineingerochen. Dann sind sie abgesprungen. Viele haben umgesattelt und sind dann wieder abgesprungen. Zeitweise machte sich der Frust breit. Auf einmal muß man damit fertig werden, daß der Studiengang nun Realität ist; das war wie ein Sprung ins kalte Wasser. Und was danach kommt, ist ungewiß. Man hat das Schicksal nicht in der Hand.

Ein Unbehagen gegenüber der Gesellschaft habe ich nicht. Für die APO war ich zu jung. Davon habe ich nichts mitbekommen. Ich habe auch nichts gegen die Erwachsenen, die Eltern, Lehrer, Professoren . . . – Bei denen, die in der Führung stehen, hat sich wenig geändert. Sie haben auf die nachrückenden Jahrgänge kaum durch ein anderes Verhalten reagiert. Die qua Führung transportierten gesellschaftlichen Normen sind eigentlich die alten. Jedenfalls hat sich nicht viel geändert. Viele junge Leute haben eine sehr konservative Einstellung.«

Mit anderen Worten aber ähnlich berichten gleichaltrige Facharbeiter und Angestellte. Sie leben überwiegend nach einem neokonservativen Grundmuster. Kaum einer hat mit dem Wunsch gespielt »auszusteigen«. Überall schimmert das Bedürfnis nach Gemütlichkeit und Geborgenheit durch, nach Sicherheit als Fortschreibung des Gegenwärtigen. »Wenn nur nichts passiert . . .«

Warum diese Milieubedingungen so ausführlich geschildert werden? Weil sie das Werden und Sein der Persönlichkeit überhaupt erst verständlich machen! Und weil dem größten Teil dieses Jahrganges Ähnliches widerfuhr. Weil Empirie – die Erfahrungstatsachen – das Hier und Jetzt der Persönlichkeit aufzuhellen vermag, weil Motive und Haltungen der Erwachsenen von heute ihren Ursprung in jenen Jahren haben! Und weil es so auch erst verständlich wird, daß jene Zeit bevorzugt bestimmte Persönlichkeitstypen hervorgebracht hat – und weil für die Entstehung anderer Persönlichkeitstypen die Bedingungen ungünstig waren!

Persönlichkeit bildet sich – wie dargestellt wurde – unter bestimmten Einflüssen der Umwelt. Diese können insgesamt entweder »zu leicht« oder »zu schwer« gewesen sein. Dazwischen liegt das nicht präzise darstellbare »gerade richtig«. Denn es bedeutet, daß Anlagen (im wesentlichen Intelligenz und Vitalität) als kognitives System, das sich aus der angeborenen Intelligenz entwickelt bzw. die körperlich-seelische Spannkraft aus der Umwelt genügend Druck erhielten, aber auch nicht zu viel (was nämlich nicht verkraftbar gewesen wäre). Forderung und Förderung waren also gleichzeitig und zwar ausgewogen vorhanden. Das Schema Anlagen und Umwelteinflüsse (das Schema der 9 Felder) klassifiziert die letzteren als »zu schwach«, »gerade richtig« und »zu stark«. Was ist aber z.B. »zu schwach«? Das hängt von dem Anlagenbündel ab, das diesem Umwelteinfluß entgegensteht![5]

Die Bedingungen ein und derselben Umwelt können für den intellektuell oder vital schwach Begabten zu stark, für den durchschnittlich Begabten gerade richtig, für den Hochbegabten zu schwach sein.

Während der schwach Veranlagte (und das kann innerhalb der gleichen Familie trotz begabter Eltern vorkommen!) überfordert, der normal, sprich durchschnittlich Begabte gerade richtig gefordert ist, schlüpft der Hochbegabte unter der Umwelt- und Erziehungsdecke leicht hindurch! Der erste wird ein Gehorcher; der zweite entspricht dem Wunschbild der Eltern und erweist sich als »tüchtig«. Der dritte absolviert als begabtes Sorgenkind vielleicht eine Globetrotter-Karriere oder er sonnt sich jahrelang in dem Nimbus eines verkannten Genies.

Man muß also Erziehungs- und Umwelteinflüsse

1. an dem »formbaren Material« messen, d.h. an der Art und Stärke der Anlagen,
2. und dahingehend prüfen, ob sie lange genug eingewirkt haben, d.h. ob Erziehung und Wille der Erzieher — und auch ihr Erfolg — Prägungen hinterlassen haben.
3. Desweiteren ist festzustellen, ob diese Einwirkung wirklich konstant war oder ob sich Phasen des »zu stark« oder »zu schwach« in der Einwirkung abwechselten, und
4. wann, in welchem Entwicklungsjahr die prägenden Umwelteinwirkungen stattfanden. Am stärksten persönlichkeitsprägend sind die ersten Lebensjahre, etwa bis zum Schuleintritt.

In dem Schema »Anlagen und Umwelteinflüsse« mit seinen neun Feldern wird davon ausgegangen, daß die Umwewlteinflüsse über die längste Zeit der Prägung entweder gleichbleibend »zu schwach«, »gerade richtig« bzw. »zu stark« waren. Nur so läßt sich die These von Anlagen- und Umweltprägungen aufrechterhalten.

Daß es die entsprechenden neun Persönlichkeitstypen (-gruppen) tatsächlich gibt, daß sie also in der Wirklichkeit täglich anzutreffen sind, mag als erster vager Beweis gelten. Erhärtet wird die These durch entsprechende Lebenslaufanalysen. Sorgfältig durchgeführt zeigen sie nämlich den vermuteten Zusammenhang von Anlagen und Umweltwirkung.

In explorativen Interviews, die zum Ziel haben, Persönlichkeit und Werdegang »auszuforschen«, kommen entsprechende Daten und Fakten an den Tag, die kaum noch Zweifel lassen. Man kann die Persönlichkeitsentwicklung zusätzlich noch mit tiefenpsychologischen Fragen untermauern und durch entsprechende Persönlichkeitskonstrukte (Kapitel V) vergleichen. Die Grundthese wird sich bewahrheiten.

Vergleichen wir die neun Felder des Schemas, so finden wir im Feld 6 Persönlichkeitstypen von folgender Art,

Der sachbezogene Ehrgeizige
Der Minderwertigkeitsgefühle kompensierende Geltungsbedürftige
Der primitive »Angeber«
Der wehleidige, ichbezogene Egoist
Der Dominator mit starkem Selbstbehauptungswillen
Der Darstellungsbedürftige
Der Machtmensch oder »Cäsar«

oder eine Mischung aus diesen.

Dort hinein gehören auch die »Streber«, die »Ehrgeizlinge«, die »Erfolgsmenschen« und die mehr im Stillen agierenden »Übertrumpfer«. Ihnen allen ist gemeinsam, daß sie mit dem schlichten Dasein eines ausgeglichenen Menschen, der nicht mehr will als ihm die Umwelt zugesteht, nicht zufrieden sind. Sie wollen mehr, müssen mehr wollen, um einerseits ihrem hochgestochenen Anspruchsniveau Genüge zu tun bzw. um Minderwertigkeits-, Unzulänglichkeits- oder Unterlegenheitsgefühle kompensieren zu können. (Aus der dadurch entstehenden inneren Dynamik schöpfen sie auch die Kraft für besondere Leistungen!)

Entsprechendes gilt sinngemäß für die anderen acht Felder. Wir werden die Grundaussagen bestätigt sehen und darüber hinaus jeweils eine adäquate Typengruppe im Leben wiederfinden.

Die neun Felder decken jeweils 2, 3 oder 4 Typen ab; das sind insgesamt rund 27 Persönlichkeitstypen. Hat man sie einige Male im Leben geortet, wird das Feld überschaubar. Man erwartet keine Überraschungen mehr. Fast jeder läßt sich vorerst »einordnen« oder zumindest in die Nähe eines bekannten Typus bringen.

Natürlich wird damit das unendliche Feld des individuellen Seins nicht erschöpft. Viele Fragen bleiben offen und können nur von Fall zu Fall geklärt werden. Es wird sich aber bewahrheiten, daß die vorgefundenen Abweichungen mit dem Grundschema erklärbar sind: *Die drei Faktoren der Persönlichkeitswerdung, die Anlagen, die Umwelteinflüsse und das Ich* und mit ihm das zum jeweiligen Zeitpunkt verfügbare Aktions- und Abwehrsystem haben gemeinsam die Persönlichkeit werden lassen.

Der Mensch ist somit das Produkt von Anlagen, Umwelt und seinem früh entstehenden Ich, das lenkend, aber auch nach dem Prinzip von Lust und Unlust auf die Umwelt reagiert.

Weitere Differenzierungen

Die bisherige Darstellung in diesem Kapitel leidet unter der logischen und faktischen Halbwahrheit, daß Anlagen durchweg schwach, normal oder stark sind. Es können bezüglich der Intelligenz, der Sensibilität, der Motorik und der vitalen Kräfte aber sehr unterschiedliche Voraussetzungen vorliegen! Die Intelligenz kann zum Beispiel hoch, die vitale Kraft jedoch schwach angelegt sein oder umgekehrt. Aber auch die »Umwelt« mit allen ihren Merkmalen kann in den verschiedenen Stadien, von der Geburt, über das Babyalter, die Phase des Kleinkindes und des Schulkindes, des Pubertierenden und des Adoleszenten stark variieren, vielleicht von »zu schwach«, auf »gerade richtig« oder »zu stark« – oder auch in anderer Reihenfolge! Das hat Konsequenzen. Die sich dadurch ergebenden und vorstellbaren »mathematischen« Modelle sind folglich unendlich, nicht so die psychologischen; sie gründen sich mehr auf das situativ Mögliche.

Würde man in dem Modell der 9 Felder bleiben und die Anlagen und Umwelteinwirkungen dahingehend weiter unterteilen

– daß die ersteren – die Anlagen – in den körperlichen Voraussetzungen, im Intellekt und in der Sensibilität 1. »stark«, 2. »normal«, 3. »schwach« oder 1. »schwach«, 2. »stark« und 3. »normal« und so weiter differieren,

- daß die letzteren – die Umwelteinflüsse – erst »zu schwach«, dann »normal« und später »zu stark« – oder erst »zu stark«, dann »zu schach« und schließlich »normal« (mit allen weiteren denkbaren Variationsmöglichkeiten!) waren,
- daß zu dem jeweiligen Zeitpunkt eine andere Konstellation von Umweltwirkung und Ich-Stärke vorlagen,

so zeigte sich, daß man mathematisch-naturwissenschaftlich für jedes der neun Felder 27, insgesamt also 243 Felder mit entsprechenden »Einmalpersönlichkeiten« ausrechnen könnte. Das zu verfolgen, wäre reizvoll, führte aber in der Sache nicht weiter. Überschneidungen, Mischungen und Akzentuierungen der unterschiedlichsten Art sind denkbar und kommen tatsächlich vor.

Die betriebliche Praxis braucht ein überschaubares System. 27 oder gar 50 Persönlichkeitstypen sind praktisch nicht gut handhabbar. Mit 9 Feldern wird man gerade noch arbeiten wollen und diese sind auch eine ausreichende Hilfe, den eigenen Eindruck bestätigt oder in Frage gestellt zu sehen. Im letzteren Fall wird man bei der üblichen Sorgfalt ein zweites Gespräch führen und versuchen wollen, Unklarheiten oder Irrtümer soweit wie möglich auszuräumen.

Hinzukommt, daß sich eine sehr große Zahl von Menschen in die Felder 4, 5, und 6 einordnet. Diese »Normalen« sind in größter Zahl vorhanden. Aus ihnen gehen auch viele Führungskräfte hervor.

Um – soweit überhaupt möglich – sein eigenes Leben oder dasjenige von Familienangehörigen, Freunden, Bekannten nachzuvollziehen oder über den Lebensweg von unbekannten Bewerbern einen ersten, aber fundierten Aufschluß zu erhalten, ist es wohl oder übel erforderlich, sich über den »Abriß seines menschlichen Lebens« Rechenschaft abzulegen.

Was er oder wir, sozusagen jeder von uns, durchläuft, zeigt der standardisierte Lebenslaufablauf.

Der Abriß des menschlichen Lebens[6)]

Jeder Mensch durchläuft folgende Entwicklungsphasen:

Vor der Geburt (Embryo)	Der Embryo lebt unbewußt, geborgen und geschützt im Mutterleib. (Was die werdende Mutter während dieser neun Monate erlebt, ob sie traurig, fröhlich, heiter oder krank ist, bleibt nicht ohne Einfluß.)
Die Geburt	Ein für den Organismus des Neugeborenen schmerzlicher Vorgang. Man nennt die Geburt auch die »erste Lebenskrise«.
Erstes Lebensjahr	Die ersten Forderungen der Umwelt treten an den Menschen heran. Das Baby lernt das Wartenkönnen, auch daß der Wille der Umwelt stärker sein kann als sein eigenes egoistisches Verlangen. In dieser Epoche wird der Mensch geliebt wie später nie mehr in seinem Leben. Urerfahrung: Geliebt zu werden mit allen seinen Unzulänglichkeiten.
Zweites und drittes Lebensjahr	Das Kind geht in seiner Umgebung auf, lernt Gehorsam aus Zweckmäßigkeit (entweder um einer Strafe zu entgehen oder einem Menschen zuliebe). Erste Ansätze von Selbstbeherrschung und Disziplin (sich-fügen-können). Das Ich als Beziehungspunkt, als Träger und Ursprung der psychologischen Akte, wird geboren. Erste Abhebung des Ich vom Nicht-Ich. Es meldet sich der Trotz. Das Kind erfährt, daß es Nein sagen kann, ein noch primitives Ahnen der eigenen Besonderheiten und ihrer Geltungsrechte. Probierendes Durchbrechen der physiognomischen Schranken, Aufstampfen, Schreien, Wutausbrüche, Schmollen, Gehorsamsverweigerung.
Viertes bis sechstes Lebensjahr	Das Trotzalter kann auch erst hier beginnen. (Der Zeitpunkt des Auftretens ist großen individuellen Schwankungen unterworfen; außerdem tritt der Trotz nicht bei jedem Kind auf.) Für die Persönlichkeitsentwicklung ist wichtig, daß man lernt, sich zu behaupten und Nein zu sagen, wo nötig oder berechtigt. Fragealter. Zwischen Phantasie und Wirklichkeit wird noch nicht genau unterschieden.
Beginnende Schulzeit	Anhäufungen von Wissen, Training von Gedächtnis und Intellekt, Üben von Ordnung und Sorgfalt. Meist keine wesentlichen psychologischen Veränderungen. Die Einschulung (oder auch schon der Kindergarten) kann im Einzelfall zu einer Identitätskrise führen: Die Selbstbehauptung gelingt nicht, die Diskrepanz zwischen dem Ich

und was es will bzw. wollen muß und der Umwelt (erste Erfahrung der Großgruppe!) kann nicht bewältigt werden.

Zwölftes bis dreizehntes Lebensjahr	In dieses Alter fällt die Phase der negativen Pubertät. Starke affektive und motorische Widerstandsreaktionen gegen Personen und Dinge (negativistische Haltung); Stimmungslabilität infolge von Umstellungsprozessen der innersekretorischen Systeme. Zuwendung zum Ich; Lösung von den Eltern; Gewinnung von Selbständigkeit. Fallweise kommt es infolge der Vereitelung von Bedürfnissen, wie nach Unabhängigkeit und Selbständigkeit sowie der Diskrepanz zwischen bisher Erlaubtem und eigenem Probieren wollen − und der Unfähigkeit zur adäquaten Bewältigung zu Trotz als Panikreaktion. Kampf zwischen Ich, Du und Über-Ich. Am häufigsten siegt das Ich!
Vierzehntes bis sechzehntes Lebensjahr	Zuwendung zum nachbarlichen Du: Freunde, »Cliquen«. Es werden ideale Verhältnisse sozialer Art konstruiert; imponierende Menschen als Vorbild; Suche nach eigenem Ehrenkodex. Dieses Alter ist wieder stärker traditionsgeleitet. Mit den Eltern »geht es besser«, »in der Schule« meist schlechter. Insgesamt positive Phase der Pubertät.
Siebzehntes bis neunzehntes Lebensjahr	Das »zornige« Alter, die negative Phase der Adoleszenz. Ablehnung alles bisher Anerkannten und Geglaubten. Kritische Konfrontation mit der kulturellen und geistigen Umwelt. (Kleines »Revoluzzertum«; die eigenen inneren Schwierigkeiten des »Erwachsenwerdenmüssens« werden auf die Umwelt projiziert.) Die Jugendlichen trennen sich in diesem Alter von der bisherigen geistigen Heimat des Elternhauses und machen sich von dieser Quelle geistig-seelischer Nahrungsaufnahme frei, eine Art neue Geburt. Es bleibt die quälende Frage: »Was bin ich eigentlich wert, was werde ich im Leben leisten können?«
Zwanzigstes Lebensjahr	Vom Typischen des Pubertätsalters und der negativen Adoleszenz wird oft recht viel in dieses und in die späteren Jahre hinübergeschleppt. Dennoch fällt in diese Phase das Finden eines eigenen Lebenskonzeptes (meist in Anlehnung an die Werte und Normen der jungen Generation), das zumindest in dieser Phase der **positiven** Adoleszenz über die inneren Schwierigkeiten hinweghilft.
Einundzwanzigstes bis fünfundzwanzigstes Lebensjahr	Die sogenannten »Wanderjahre«. Meist beginnen sie heute mit dem Auszug aus der elterlichen Wohnung. Man probiert dies und das; ist in der Hauptrichtung noch nicht »endgültig« festgelegt.

Erprobung des eigenen Lebenskonzeptes in der Realität, die aber noch nicht voll akzeptiert wird.

Sechsundzwanzigstes bis dreißigstes Lebensjahr	Man faßt Fuß im Leben und erweist sich als verantwortliche – reife – Persönlichkeit. Oder die »Unreife« wird in einer angenommenen Haltung der Selbstdarstellung sichtbar. (S. 78–79 Persönlichkeits- und Charaktertypen.)
Viertes Jahrzehnt	Der Gipfel der Lebenskurve wird um die 30 erreicht. Die allgemeine Leistungsfähigkeit ist zwischen dem 25. und 40. Lebensjahr am größten. Man trägt Verantwortung im privaten und beruflichen Bereich, plant die Familie und den Beruf; beruflich stärkste Phase des Aufstiegs.
Fünftes Jahrzehnt	Mit 40 beginnt der Abbau der Kräfte. Die Tendenz, sich in jeder Weise fest zu etablieren, wird nun stärker. Im Beruf wird oft zugunsten der Sicherheit auf Experimente verzichtet. (Man bleibt meist auch in der Führungsposition, die man bisher erreicht hat.) Um das fünfzigste Lebensjahr tritt die Alterskrise ein. Körperlich sind es die Wirkungen der »Wechseljahre«, seelisch Leistungsangst, Bewährungsangst, gekoppelt mit Phantasien oder Taten, nachzuholen, was man »versäumt« hat.

V. Persönlichkeitstypen

Bei der Fülle der Individualitäten ist es ein natürliches Bedürfnis der Erkenntnis, in die Vielfalt der Erscheinungsformen eine Ordnung einzuführen, eine Typologie. In der folgenden Darstellung liegt der Schwerpunkt auf dem typischen Verhalten. Folglich sind die geschilderten Persönlichkeiten in *Verhaltenstypen* eingeteilt.

Gewiß bedeutet der Typus eine Einengung einerseits oder eine Übersteigerung andererseits. Er gibt uns aber den Hintergrund, auf dem wir die Persönlichkeit des Bewerbers oder Mitarbeiters leichter erspüren und erkennen können. Durch die Einordnung in ein Schema erlangt man Gewißheit.

Äußeres Verhalten und inneres Kräftespiel

Der Bewerber präsentiert sich uns mit seinen Bewerbungsunterlagen (die keineswegs eine exakte Dokumentation seines Werdeganges bzw. seiner bisherigen Leistungen im Beruf und Leben sind!), seinem Äußeren und dem Benehmen (Verhalten). Was man während des Vorstellungsgespräches in der Beobachtung sehen und erleben kann, sind die sichtbaren Verhaltensweisen! Aus ihnen können wir das dahinter stehende seelische Kräftespiel interpretieren. Denn was wir ergründen wollen, sind die Merkmale des Charakters und bestimmte, für die zu besetzende Position wichtige Persönlichkeitsmerkmale. Diese können wir konstruktiv erschließen:

Das äußere Verhalten (3 Beispiele)	Das dahinter stehende seelische Kräftespiel	Schlußfolgerung auf Persönlich-keits- und Charakter-merkmale
Ruhiges Vertreten der eigenen Ansicht; insgesamt Zuversicht; bei Kritik sachliche Einsicht	Ruht in sich, weiß, was er will; vertraut sich selbst und seiner Erfahrung; traut sich etwas zu; ist fast emotionslos	Begründete Selbstsicherheit; insgesamt gesundes Selbstwert-gefühl
Angepaßtes Verhalten; formale Rechthaberei; richtet sich nach Vorschriften und Anordnungen	„Ein- und Unterordnung ist alles"; emotionale Reaktionen, mündet in Trotz und Starrheit; bei Vorfinden der „Vorschriften": Triumpf	Bereitschaft zur Ein- und Unter-ordnung, keine Eigenständig-keit; insgesamt ein „Paragraphen-reiter und Pedant"
Unsachliche, impulsive Aussagen und Antworten; polternder Widerstand gelegentlich lässiges Selbstvertrauen oder auch Überheblichkeit	Primitive Selbst-behauptung; „schmeißt den Laden", „schaukelt die Dinge"	Wenig angepaßter, ziemlich unbe-kümmerter und selbstherrlicher Mensch

Bei der Deutung von Verhalten und der Erschließung von Wesens-art, Charakter oder Persönlichkeit darf man sich darauf verlassen, daß sich alles Seelische nach Gesetzen entfaltet und im Rahmen ein-deutiger Zusammenhänge steht.

Die Unselbständigen

Eine solche Gesetzmäßigkeit im weitesten Sinne ist das »Zusam-mentreffen von Anlagen und Umwelt« (Schema Seite 55.) Greifen wir die in Feld 2 genannten Typen heraus, so bedeutet das:

Schwache – unterdurchschnittliche – Anlagen wurden gefordert und ohne Überforderung gefördert, d.h. insgesamt durchschnittliche »Erfahrungserlebnisse«. Das bedeutet im Erleben des zu prägenden und so geprägten Kindes: Auf Mutter und Vater mußt zu hören. Du kannst ihnen aber auch vertrauen. Tust du, was sie von dir verlangen, ist alles gut... Das ist bei schwacher bis mittlerer Begabung das »Entstehungsmilieu« für Anpassungsbereitschaft: Wenn man tut, was erwartet und verlangt wird, geht alles gut, ist man aus allen Schwierigkeiten heraus.

Mit der Anpassung verbunden sind – quasi zwangsläufig – Ein- und Unterordnungsfähigkeit bzw. -bereitschaft, aber auch Zuverlässigkeit und schließlich Abhängigkeit. Angst und Vorsicht stehen meist im Gefolge.

Die Gruppe dieses Feldes teilt sich auf in die

a) *Ängstlichen* oder *Vorsichtigen,* d.h. bei diesen stehen Angst und Vorsicht im Vordergrund des Verhaltens
b) *Unselbständigen,* die eine feste Ordnung, Vorschriften und Weisungen benötigen
c) *blind Zuverlässigen,* die jedem vorgegebenen Reglement gehorchen. (Nicht zu verwechseln mit dem »Gehorcher« in Feld 3, der in der Regel nur den vorgesetzten *Personen* gehorcht.)

Typen der ersten drei Felder

Stellen wir die Produkte der Felder 1, 2 und 3 nebeneinander, so ergibt sich folgendes Bild:

1	2	3
Unselbständiges Verhalten, Beeinflußbarkeit Typus des Labilen, Schwächlings oder Rückhaltlosen	Angepaßtes, ein- und unterordnungsbereites Verhalten Typus des Ängstlichen oder Vorsichtigen, Unselbständigen oder „blind" Zuverlässigen	Gehemmtes Verhalten Schüchternheit und Ich-Schwäche Typus des Gehemmten, „Braven" oder des Gehorchers

Beispiel »Der gute Mitarbeiter«

Ein anderes Beispiel aus Feld 3, der »Brave«. – Er ist der »gute Mitarbeiter« (der »brave Beamte«).

Diese Gruppe des »guten Mitarbeiters« hat eine hohe Arbeitsmoral. Sie ist angepaßt wie alle, die sich bewähren möchten, zwar ähnlich wie die Aufsteiger, jedoch in einem anderen Sinne: Sie erstreben überwiegend das, was die Organisation – sprich der Betrieb mit seiner Leitung – als Befriedigung bietet: den sicheren Arbeitsplatz, das gesicherte Einkommen, Sicherheit und Geborgenheit in dem vorgegebenen Reglement.

Sie verhalten sich so, wie es dem Betrieb nützlich und in der jeweiligen Situation den Vorschriften nach erfolgversprechend ist. Wo sie sich nicht sicher sind, erwarten sie gern ein Zeichen »von oben«. Sie sind bereit, sich ein- und unterzuordnen; sie tun, was sein muß, erfüllen die Organisationsbedürfnisse, erwarten natürlich auch entsprechende Belohnungen.

Man kann sagen: Indem sie die »Betriebserfordernisse« an dem Platz, an den sie gestellt sind, erfüllen, befriedigen sie – indirekt – ihre eigenen Bedürfnisse. Sie befinden sich in einem Zustand vollständiger oder zumindest weitreichender Anpassung, – und das mögen meist ihre Vorgesetzten.

Sie werden Vorgaben kaum je anzweifeln: Sie streben nicht nach einem eigenen Freiraum der Entscheidung und Verantwortung. Sie wollen belohnt werden für die »richtige« Ausführung der Anordnung.

Der »gute Mitarbeiter« will vor allem Sicherheit, eine geregelte Routinetätigkeit ohne besondere Anforderungen an Initiative, Wendigkeit und Durchsetzungsvermögen. Nicht daß er keine Fähigkeiten zu einem Posten mit höheren Anforderungen hätte, – er ist ein Mensch, der gern gehorcht, loyal und pflichtbewußt ist, aber weder nach besonderem Prestige noch nach Macht und Verantwortung strebt. Er paßt gut zum Typus des »Machers« oder »Aufsteigers«. Diese brauchen den »braven Mitarbeiter«, deshalb harmonieren beide so gut.

»Jobber«, »Eigenverantwortliche«, »Ich-Menschen« und andere

Infolge Lockerung der Erziehungsziele und -einflüsse, aber auch des insgesamt nachlassenden Umweltdruckes finden wir eine steigende Zahl von jungen Menschen im Feld 4. Liegt seitens des Führenden Akzeptanz und Wohlwollen vor, lassen sie sich integrieren und führen.

Verständlicherweise ist die Zahl der Menschen, die sich in das Feld 5 einordnen lassen, stets geringer, als sie der Betrieb braucht. Ihre Wesensart verlangt in der Führung die Zielvereinbarung, echte Delegation von Verantwortung und partnerschaftliches Verhalten des Vorgesetzten.

Im Feld 6 stehen Menschen, deren Führung nicht leicht ist. Es sind Typen, die auf diese oder jene Art kompensieren und aus dieser inneren Dynamik Kraft schöpfen. Der Betrieb braucht sie, weil aus persönlichem Ehrgeiz, Geltungsbedürfnis, Egoismus und Machtstreben die besondere Leistung fließt.

Wir alle kennen Menschen dieser Art. Ihr Verhalten und ihr menschlicher Werdegang basieren auf Erfahrung, folgen empirischen Werten aus den Schemen »Anlagen und Umwelt« sowie »Abriß des menschlichen Lebens«. Typen dieser Art sind realitätsnah, im Leben und in der betrieblichen Praxis auffindbar. Durch Beobachtung und Analyse kann man sie identifizieren und ihr Verhalten in bestimmten Situationen fast voraussagen.

Typen der Felder 4, 5 und 6

In den Feldern 4, 5 und 6, wo wir weit über die Hälfte aller Menschen einordnen können, sind folgende Verhaltensweisen und Typen markant:

So zum Beispiel auch der Typus des »primitiv *Überheblichen*« in Feld 4. Er kommt häufig genug vor – nicht so häufig wie man aufgrund persönlicher Erlebnisse denkt! – und hat meist folgende Merkmale: kräftiger Körperbau, vital, wenig Gefühl und Gemüt; der Intellekt ist wenig entfaltet; vitale Antriebe und Instinkte herrschen vor.

4	5	6
Legeres, meist unkompliziertes Verhalten, „keine eigene Linie" Typus des primitiv Überheblichen, des Jobbers oder des Willenlosen	Freies, ungezwungenes aber diszipliniertes Verhalten Typus des Sachlich-Selbstsicheren, Selbständigen und Eigenverantwortlichen oder gesunden Strebers	Gehemmtes Verhalten, kombiniert mit forciertem Auftreten Typus des Geltungsbedürftigen, des Ich- oder Machtmenschen oder des krankhaft Ehrgeizigen

Das Selbstgefühl gründet sich beiden Typen in Feld 4 *nicht* auf Intellekt und Einsicht, nicht auf feinfühlig-differenziertes Erleben sondern auf Körperkraft, Vitalität und Instinkt, ein Greuel für feinfühlig Intellektuelle.

Vom Intellekt her kann oder will er sich nicht steuern. Er ist ein Kraftbündel und kann sein Verhalten nur wenig über den Verstand steuernd korrigieren. Andererseits »steht er voll im Leben«, wendet sich seiner Umwelt ungeniert und unkritisch zu, läßt diese aber auch auf sich wirken! Er »hört«, wenn man ihn akzeptiert und in die Gruppe eingliedert.

Die Talentvollen

Das persönliche Interesse an dieser Gruppe ist meist groß. Man möchte wissen, wer darunter fällt, was es mit der besonderen Begabung auf sich hat, − ob man vielleicht selbst dazugehört − und welche Möglichkeiten der Selbstverwirklichung damit vorgegeben sind.

Meist ist aber die Enttäuschung groß. Talente bedeuten noch keine besonderen Leistungen, garantieren nicht die außergewöhnliche Karriere, nicht unbedingt den Erfolg! Schauen wir uns die Typen in den Feldern 7, 8 und 9 näher an.

Der Betrieb kann die im Feld 8 befindlichen Verhaltens- bzw. Persönlichkeitstypen sehr gut gebrauchen! (In besonderen, vom Arbeitsprozeß weniger tangierten Stellen kommen auch noch die »Besonderen« der Gruppe 7 in Frage.) Die im Feld 9 befindlichen scheiden aus dem Rekrutierungsprozeß eigentlich aus, dennoch werden sie wegen ihrer Faszination immer wieder genommen, sehr zum

Leidwesen derer, die sie eingestellt haben und jener, die mit ihnen zusammenarbeiten müssen!

7	8	9
Legeres oder eigenwilliges, undiszipliniertes Verhalten Typus des in sich selbst verliebten Narziss, verbummelten Genies oder Muttersöhnchens	Freies, aber diszipliniertes, selbstbewußtes Verhalten Typus des Begabten und Gereiften, sich selbst verwirklichenden Machers oder Karrieristen	Gespanntes, konfliktbeladenes Verhalten, übersteigerte Reaktionen Typus des konfliktbeladenen -und verkrampften Frustrierten, des Verbohrten mit übersteigertem Durchsetzungsbedürfnis oder des Revoluzzers

Der »Macher«

Der Typ des »Machers« in Feld 8 wird mannigfaltig geschildert. Sein Hauptmerkmal ist, daß er »was tut« und »die Dinge voranbringt«.

Meist trifft man ihn in einer Managerposition an. Er kann aber auch das aktive Gruppenmitglied sein, das die anderen anführt und mitzieht. Er ist auch als ein »Ein-Mann-Betrieb« anzutreffen oder als der kleine, mittlere oder große »Tausendsassa« auf der unteren oder mittleren Organisationsebene.

Am schnellsten ist er als Cheftyp definiert: sachlich-selbstsicher, einer der weiß, was er will; er handelt »manager-like«, rational, routiniert; ist der »Boß«, direkt und ohne Umschweife; wenn es geht, gibt er sich ruhig, sachlich, ziel- und aufgabenbezogen, gelassen und optimistisch.

Kommen egoistische Momente hinzu, so erweist er sich bald als der »Karrieretyp«. Er dominiert dann sichtlich, stellt die Vorgesetztenrolle klar heraus. Nach und nach werden ihm Status und Prestige wichtig. Er ist dann der Karrieretyp, der mit dem Betrieb verwachsen ist und aktiv handelnd viel für diesen tut.

79

Typisch ist das für ihn aber nicht. Er ist im Original der Manager, der seine Persönlichkeit zurückstellt und für die Sache handelt, — ein idealistischer Verfechter dieser oder jener »neuen Managementtechnik«. Er kann sich und andere in die Pflicht nehmen und für seine Getreuen der sorgende Vater sein.

Welcher Typus ist also der Bewerber oder Mitarbeiter?
Woran ist der jeweilige Typus zu erkennen?
Welches sind die inneren Gesetze und Zusammenhänge (die psychologischen Grundlagen)?
Wofür — für welche Position — ist er/sie geeignet?
Wie wird er/sie sich in der Gemeinschaft entfalten?
Wie muß man als Vorgesetzter diesen Typus behandeln?

Zunächst gilt es, *beobachten, zu sehen,* richtig zu *interpretieren* und zu *analysieren.* Dies sei an einem Schema dargestellt.

Beobachten — Sehen — Interpretieren — Analysieren

Schauen Sie sich den Menschen genau an

Wie ist sein Äußeres?	— Die Erscheinung, das Auftreten.
Wie verhält er sich?	— Was fällt auf? Was ist typisch?
Wie reagiert er?	— Mit Vernunft, Gefühl oder mit Affekten?
Wie verhält er sich in Belastungssituationen?	— Z.B. bei längerem Interview, bei gezielten Fragen, bei der Schilderung der künftigen Aufgabe usw.

Beobachten Sie kontinuierlich

Wie war sein „erster Auftritt"?	— Selbstbewußt und sicher, zögernd aber mit latentem Selbstbewußtsein oder unsicher?
Wie verhielt er sich im Verlaufe des Gesprächs?	— Interessiert und anpassungsfähig, eigenständig oder demutsvoll? Mutig oder ängstlich usw.
Was war konstant, was veränderlich bzw. widersprüchlich?	— Z.B. seine Haltung, sein Interesse, seine Meinungen und Überzeugungen, seine Aussagen, sein Verhalten?

| Welche Diskrepanzen gibt es zwischen dem Eindruck der Bewerbung, dem „ersten Eindruck" und dem Verhalten im Gespräch? | – Stimmen die Angaben in der schriftlichen Bewerbung mit den erhaltenen Auskünften überein? Sind sie „geschönt" oder eher zu nüchtern? Traut man ihm das auch zu? Ist er der Mann, der das alles geschafft haben könnte? Wo gibt es evtl. Zweifel? |

Interpretieren Sie richtig

Das Anschreiben	– Stimmt es mit dem persönlichen Eindruck überein?
Die Zeugnisse	– Was ist ihr Wahrheitsgehalt? Wer hat sie (zu welchem Zweck?!) geschrieben?
Die sonstigen Unterlagen	– Stimmen sie mit dem Gesamteindruck überein?
Das Verhalten im Vorstellungsgespräch	– Entspricht es Ihren Vorannahmen, den im Gespräch erhaltenen Daten und Auskünften? Ihrer Einschätzung des Kandidaten?
Ihren persönlichen Eindruck	– Was sind seine Stärken und Schwächen? Welchem Typus ähnelt er? Wie kann man ihn einordnen?

Treffen Sie die richtige Analyse

In die Analyse sollten stets die ersten 3 Punkte hineinfließen. Seien Sie dabei so objektiv wie möglich. Ziehen Sie aus dem Äußeren der Person, dem Verhalten, aus Rede und Antwort, dem ersten Auftritt, den Eindrücken während des Gesprächs zunächst erste Schlüsse. Reduzieren Sie dann die individuelle Psychologie der Kandidaten auf ihre wesentlichen Elemente:
a) Statische und dynamische Persönlichkeitsmerkmale
b) Persönlichkeitstypus
Vergewissern Sie sich bei bestimmten Annahmen. Ziehen Sie Rückschlüsse aus Aussagen in Zeugnissen und sonstigen Unterlagen. Versuchen Sie, objektiv und fair zu bleiben.

Die Verantwortung der Auswahl

Die gewonnenen Ergebnisse können und sollten stets zur Verifizierung einem echten oder konstruierten Verhaltenstest gegenübergestellt werden, nämlich wie sich das Verhalten in bestimmten Situationen äußert. Der Test kann z.b. nach folgenden Grundregeln erfolgen:

- Widerspreche dem Bild, das einer von sich hat, er wird darauf entsprechend reagieren!
- Widerspreche geäußerten Meinungen und es wird sich erweisen, wie fundiert sie sind.
- Frage versuchsweise, ob Deine Beobachtungen und Analysen in sich stimmig sind.
- Frage konkret, wie er bzw. sie die neue Aufgabe (objektiv geschildert!) anpacken würde, aber auch, wie er sich bei Kritik und Tadel verhalten würde!

Der Verhaltenstypus kann insbesondere in bestimmten schwierigen oder kritischen Situationen festgestellt werden:

- bei der Aufnahme einer neuen Tätigkeit
- bei der Konfrontation mit betrieblichen Gegebenheiten
- bei der Begegnung mit dem künftigen Vorgesetzten
- bei der Besichtigung des künftigen Arbeitsplatzes
- bei kritischen oder skeptischen Äußerungen in bezug auf die Bewährung oder Nichtbewährung in der in Frage stehenden Arbeit bzw. Aufgabe
- bei der Notwendigkeit, sich in ein bestimmtes System oder eine bestehende Gruppe einordnen zu müssen
- bei der Vertragsverhandlung.

Einige ausgewählte Persönlichkeitstypen, wie in der nachfolgenden Auflistung, werden sich in solchen Situationen nach dem Schema »Situationsverhalten« zu erkennen geben.

Situationsverhalten

Situation:	der sachbezogene Ehrgeizige	der kompensierende Geltungsbedürftige	der kompensierende Dominator (Ich- und Machtmensch)
Bei der Vorstellung:	diszipliniert wahrheitsgetreu aktiv	selbstdarstellerisch, betont Können und Leistung	bewußt festes Auftreten, neigt zur Manipulation
Bei der Besichtigung des künftigen Arbeitsplatzes:	Zurückhaltung ruhige Beobachtung, sachliche Fragen	„kennt" alles, macht sich mit Fragen wichtig	tut so, als wäre er schon Chef, läßt sich durch nichts einschüchtern
Bei der Vertragsverhandlung:	betont Interesse an der Aufgabe, in unwichtigen Dingen großzügig	Äußerlichkeiten sind ihm wichtig, rangmäßige und gehaltliche Einstufung	gibt sich als Gleichrangiger, will möglichst viel herausholen
Bei der Aufnahme der neuen Arbeit:	sachlich, höflich, offen, aber etwas zu distanziert	schwankt zwischen Bedürfnis „anzugeben" und Vorsicht, etwas falsches zu tun	sicheres, forsches Auftreten; Rückzug auf „Horchposten"; Aufbau von wichtigen Beziehungen
Im Angesicht der neuen Gruppe:	höfliche Distanz, sachgemäßes Verhalten, notwendige Auskünfte über sich	forciert sicheres Auftreten, wachsame Beobachtung der Umwelt; bald zeigt er, „was er kann"	scheinbar natürlich und ungezwungen, aber mit herausforderndem Blick versucht er, die Umwelt in Schach zu halten
Bei der ersten Konferenz:	noch im Hintergrund, aber präpariert für einen ersten qualifizierten Sachbeitrag	spielt gelassenfestes Auftreten, tut so, als sei er erfahren in solchen Dingen, wartet auf das Stichwort, wo er glänzen kann	bemüht um eine überzeugende Wirkung auf die Umwelt, stellt sich bei passender Gelegenheit vor, ungeniert im Zupacken
Wenn sich die ersten betrieblichen Gegebenheiten und Bedingungen zeigen:	aufmerksam, den eigenen Standort überprüfen, die Dinge interpretierend, wartet ab	fühlt die Gefahr, mit seinen zu weitgreifenden Ansprüchen scheitern zu können; ist frustriert	wird Taktiker, überlegt sich eine Strategie, die Dinge in seinem Sinne zu beeinflussen; Realist
Nach einem Jahr .. !	hat sich Autorität erworben; sitzt fest im Sattel	ist „groß herausgekommen" oder bereits wieder als Gescheiterter gegangen	hat sich meist durchgesetzt und ist Mitglied der adäquaten betrieblichen Machtgruppe

Nach diesen und anderen ähnlichen Schemata kann der Persönlichkeitstypus eingeschätzt werden; er ist dann leichter zu identifizieren; die ihm eigene »Gesetzmäßigkeit des Handelns« wird offenbar. Es wird deutlich, für welche Stelle er geeignet ist. Auch die Frage des Verhaltens in der Gruppe und Gemeinschaft kann so eher beantwortet werden.

Wenn sich der künftige Vorgesetzte mit einem von ihm benötigten oder begehrten Mitarbeiter so gründlich beschäftigt, wird nicht nur die Auswahl sicherer. Er weiß dann auch, wie er den »Neuen« psychologisch richtig behandeln muß.

VI. Wie ist der »Charakter«?

Wir sind im allgemeinen davon überzeugt, daß der Charakter angeboren sei, da sich der Mensch im Laufe seines Lebens charakterlich kaum je grundlegend wandelt. Es soll nicht bestritten werden, daß manche Persönlichkeitszüge, wie z.B. das Vorherrschen besonderer Begabungen, das Temperament, die Vitalität, vererbt werden. Charakter will aber sagen: »eingeritztes Zeichen« (aus dem Griechischen kommend) oder allgemeinpsychologisch »grundlegende, bleibende Merkmale«. Dazu gehören die ethische Grunddisposition ebenso wie die aktiven Gestaltungskräfte eines Menschen oder die − passive − Ein- und Unterordnung. »Charakter« ist, wenn sich jemand durch Entschlossenheit und Standhaftigkeit zu bewähren sucht, aber auch, wenn er sich »feige« zurückzieht. Die meisten Deutungen im Bereich der Eignung beziehen sich auf Charaktermerkmale. Aber gerade die Eigenschaften, die wir dem »Charakter« zusprechen − Haltungen, Einstellungen, Gefühlsreaktionen, Interessen, vorherrschende Lebensziele und Wertorientierungen − sind in hohem Maße von Umwelteinflüssen abhängig. Sie lassen sich zuverlässig feststellen, wenn eine gründliche Lebenslaufanalyse gemacht wird.

− *Ziele* und *Interessen* des Individuums sind von Bedeutung, wenn es um die Zuteilung einer bestimmten Aufgabe oder Arbeit geht.
− Individualtypische Gefühlsreaktionen sind an dem einen Arbeitsplatz angebracht oder sehr erwünscht; an einem anderen sind sie störend.

– *Haltungen* und *Einstellungen,* insbesondere die *Wertorientierung* der Person – z.B. ökonomische, theoretische oder praktische Orientierung, künstlerisch-gestaltende oder mitmenschlich ausgerichtete Werthaltung – sind unter Umständen von großer Bedeutung, wenn es um die dauerhafte Besetzung einer Stelle geht.

Es kommt dabei auf die konstanten und grundlegenden Eigenschaften an, die die Leistungsfähigkeit und Motivation in einem Arbeits- und Verantwortungsbereich bestimmen.

Das Wort Charakter kommt aus dem Griechischen und heißt »eingeritztes Zeichen«. Im allgemeinen verwenden wir es für ein Gepräge, ein grundlegendes, bleibendes Merkmal, eben die seelische Eigenart eines Menschen im Unterschied zu anderen.

Neben den »dynamischen« Elementen, wie die individuelle Art und Stärke der Motivation (z.B. Bedürfnis nach Anerkennung, Macht oder Selbstverwirklichung) sind es die mehr statischen, d.h. bleibenden Merkmale der Persönlichkeit, die zum »Charakter« zählen: Dauerhafte Haltungen und Einstellungen, die Wertorientierung, die ehtische Grunddisposition eines Menschen, sich seiner Umwelt gegenüber z.B. durch Entschlossenheit und Standhaftigkeit zu behaupten. – »Charakter« meint auch oder im besonderen die stabilen Gewohnheiten und Gesinnungen, nach denen ein Mensch lebt.

Besondere Merkmale

Da sich jeder Charakter auf seine ihm besonders eigentümliche Art und Weise verhält, liefert er viele Beobachtungsmöglichkeiten, wie z.B.

– Dynamik und Initiative
– stabile Gewohnheiten und Gesinnungen
– feste, bleibende Einstellungen
– Werthaltungen wie z.B. Pflicht- und Verantwortungsbewußtsein, Wahrhaftigkeit
– eine bestimmte Willensausprägung
– Anstrengungsbereitschaft, Einsatzwille
– Grad der Selbstbeherrschung und Selbststeuerung

- Haltung im allgemeinen
- Dominanz oder Unterordnung
u.v.a.

Charaktermerkmale sind demnach *überdauernde Eigenschaften* wie Verläßlichkeit, emotionale Stabilität oder Labilität, Dominanz oder Unterordnung, Feinfühligkeit oder Grobschlächtigkeit, Mut oder Ängstlichkeit, radikale oder gemäßigte Einstellung, Selbstdisziplin und Willensausprägung. Diese Begriffe beinhalten bereits den Hinweis auf Dauerhaftigkeit; Charaktere sind von hoher Beständigkeit. *Wenn auf Menschen gebaut werden soll, müssen wir ihren Charakter kennen!* Er zeigt sich bereits im Situationsverhalten (s. Tabelle »Situationsverhalten«!).

Charakter-»Dechiffrierung«

Eine Gruppe von Personalleitern stellte in einem Seminar gemeinsam mit dem Verfasser folgenden Fahrplan einer »Charakter-Dechiffrierung« auf:

Äußere Erscheinung und Wirkung	– „Erster Eindruck"
Studium der Bewegungen und des Ausdrucksverhaltens (Mimik u.a.)	– Erweiterung und evtl. Korrektur des ersten Eindrucks
Verbale Äußerungen, insbesondere Argumentation	– Beginn einer „ersten" Beurteilung
Informationen über Produkte, d.h. die manuell oder geistig produzierten Güter auf dem Arbeitsgebiet des Bewerbers	– Daten zur Leistungsbeurteilung
Fachgespräch(e)	– Erhaltene Informationen und deren Interpretation, Stellungnahmen, Meinungen, Absichten und genannte Interessenschwerpunkte ermöglichen Rückschlüsse auf: Denk- und Arbeitsgewohnheiten Verantwortungsbereitschaft und -bewußtsein

	Überzeugungsfähigkeit
	Durchsetzungsvermögen
	Entscheidungsfähigkeit
	Kooperationsverhalten
	evtl. auch auf Belastbarkeit.

Fragen zum Lebenslauf
– Lebenslaufanalyse

– Rückschlüsse auf Persönlichkeitsentwicklung und Persönlichkeitsmerkmale wie
Dominanz oder Anpassung
Energie und Tatkraft
emotionale Stabilität
Kontaktfreudigkeit
Intelligenz
usw.

1. Zwischen-Station

..... Logische Erfassung und
psychologische Interpretierung
der bisher erhaltenen Informationen,
um Irrtümer des „ersten Eindrucks"
und bisheriger Annahmen soweit
wie möglich auszuschließen.

Positionsanalyse – Fragen zu den
bisherigen Tätigkeiten und
Stellungen
(Methode des explorativen
Interviews)

– Fragen und erhaltene Informationen
dienen der Kontrolle und Überprüfung
Überprüfung des vorgelegten
Materials, des bisher erhaltenen
Eindruckes und der sich anbahnenden
Hypothese über Persönlichkeit und
Charakter.

Betriebs- bzw. Arbeitsplatz-
besichtigung

– Kontrolle und Überprüfung der Absichten und Interessenschwerpunkte

Gespräch am künftigen Arbeitsplatz
(evtl. Studium vorgelegter
(Arbeitsproben)

Rückschlüsse und Überprüfung bezüglich Verhaltensschwerpunkte
und Verhaltenskriterien, wie
Verantwortungsbereitschaft u.a.

Check der bisher angenommenen
Persönlichkeitsfaktoren (z.B.
durch Zusatzfragen und Stellung-
nahmen zu betrieblichen Dingen).

2. Zwischen-Station

..... Schriftliches Festhalten der bisherigen
Gesamtinformation, der Fakten und
des überprüften Eindruckes

Klärung von Übereinstimmungen

	und Nicht-Übereinstimmungen sowie Folgerungen daraus.
Beratung im Kreis der Entscheidenden bzw. Mitentscheidenden	– Sind die wesentlichen Fähigkeiten, Antrieb und Motive usw. wirklich schon erfaßt worden, dann muß es jetzt möglich sein vorauszusagen, wie sich der Bewerber in den Kernsituationen seines Lebens, an Wendepunkten seines Schicksals und im Angesicht der neuen Aufgabe verhalten hat bzw. verhalten wird.
Schlußbesprechung mit dem Bewerber, evtl. gemeinsames Essen	– Prüfung des privaten und des beruflichen Umfeldes; Klärung noch offener Fragen; Vertragsverhandlung
Letzte Absicherung	..... Das sich abzeichnende Charakterbild – wenn auch nur probeweise – radikal in Frage stellen. Prüfung der inneren Stimmigkeit der sich aus den einzelnen Deutungen ergebenden Gesamtbeurteilung unter dem Gesichtspunkt der Einheitlichkeit des Charakters.

Charakterdeutung im Assessment-Center

Nun wird man bei einem Vorstellungsgespräch den Charakter nie voll ergründen können. Charakter- oder Persönlichkeitstest hingegen können ihn offenlegen. Wo derartige Tests nicht durchgeführt werden können (die Gründe reichen von »unmoralisch«, »nicht zumutbar«, »mit unserem Unternehmensbild nicht vereinbar« bis »Unsinn«) kann ein anderer Weg gewählt werden, nämlich das betriebliche Assessment-Center.

Dabei werden keine Tests im üblichen Sinne eingesetzt. Es ist ein Stück betrieblicher Wirklichkeit, die dort abläuft. Die Inhalte sind themenzentriert. Es geht um Fragen, die stets etwas mit der Aufgabe und der betrieblichen Struktur zu tun haben, so z.B. die realitätsnahe Bearbeitung von Organisationsproblemen, Kooperations- und Führungsaufgaben, Optimierung von Arbeitsabläufen, Bearbeitung von schwierigen Fällen des künftigen Arbeitsplatzes usw., oder um direkte Fragen wie: »Zeigen Sie uns, wie Sie Ihre Mannschaft über plötzlich erteilte Sonderaufträge informieren!«

Die Leitung eines Assessment-Centers sollte nach Möglichkeit in der Hand eines Betriebsexternen liegen. Die anderen Teilnehmer in der Rolle von Trainern, Beobachtern und Beurteilern kommen meist aus dem Betrieb. Der *künftige* Vorgesetzte des Bewerbers sollte stets anwesend sein und an der Beurteilung mitwirken.

Neben vielen anderen Ergebnissen, wie Intelligenzleistungen, Arbeits-, Kooperations- und Führungsverhalten sowie Art und Ausmaß der Selbstdisziplin und Belastbarkeit, kann am Ende der Charakter ziemlich genau erfaßt werden.

Einige Charakterschilderungen aus Assessment-Center:

A.

»Sein Auftreten zeigt eine gelassen-feste Haltung, die in betont sicheres Verhalten übergehen kann, wenn er sich behaupten will. Sein Verhalten kann aber auch die Tendenz der scheinbar bescheidenen Zurückhaltung zeigen.

Dahinter verbirgt sich folgendes seelische Kräftespiel: Willentliche Grundlagen und intellektuelle Begabung einerseits;

Antriebe von mittlerer bis stärkerer Lebendigkeit, die zur Selbstbehauptung, zum Handeln, Schaffen und Führen, aber auch zur Selbstverwirklichung drängen, andererseits;

ein deutlicher Geltungsanspruch steht dem vorhandenen Pflichtbewußtsein und einem Getragensein vom Gefühl her gegenüber;

sein »Ich-Ideal« (er sieht sich als sachlich-nüchternen Menschen) bremst seine Sensibilität, sie kommt folglich nur selten zum Ausdruck;

Selbstbeherrschung und Selbstdisziplin sind stärker als seine Impulsivität;

Haltung und Bindung aus seiner Werthaltung heraus sind von Fall zu Fall stärker als Antriebe und Dynamik.«

(28 Jahre, Gruppenleiter Anwendungstechnik)

B.

»Bei geringer Kontaktfähigkeit zeigt sie Stetigkeit im Verhalten.
Ihre Neigung, sich abzuschließen, wirkt gelegentlich verkrampft. Die Gewissenhaftigkeit ist übertrieben.

Ihr Streben nach Unabhängigkeit ist mit der Neigung verbunden, hart und unbeugsam zu sein; gelegentlich kommen Selbstzweifel auf. Sie ist mit großer innerer Trieb- und nervöser Spannung ausgestattet. Als ein auf sich gestellter, zum Autismus (Verschlossenheit und Unzugänglichkeit) neigender Mensch mit echter Werthaltung und sozialer Einstellung hat sie große Kontaktschwierigkeiten. Die soziale Einstellung äußert sich u.a. in der Bereitschaft zur Kooperation (trotz geringer Kontaktfähigkeit!) sowie in ihrer Güte und Gerechtigkeit. Sie hat es aber schwer, sich zu artikulieren.«
(34 Jahre, Leiterin EDV-Abteilug, Mitglied des Betriebsrates)

C.

»Haltung und Einstellung unterliegen dem ihm gegebenen Bedürfnis nach persönlicher Bewährung. Dabei wagt er wenig. Er paßt sich den allgemeingültigen Verhaltensregeln an, nimmt mehr als notwendig auf andere Rücksicht, ist sehr anpassungsfähig. (Das ist positiv und negativ zu sehen!)
Das Gesamtverhalten liegt zu einem Teil in seiner relativ hohen Ängstlichkeit begründet. Damit verbunden ist auch die starke Rücksichtnahme auf andere.

Insgesamt ist er weniger eine auf sich gestellte unabhängige Persönlichkeit sondern ein ein- und unterordnungsbereiter Mensch, der »verantwortungs«- und »pflichtbewußt« in fremdem Auftrag handelt. Nur gelegentlich — vor allem, wenn er sich in der Sache sicher fühlt und das soziale Umfeld ihn akzeptiert — tritt er in die Rolle des informellen und überzeugenden Führers ein.«
(31 Jahre, Betriebswirt in Stabsabteilung)

Im Rahmen aller Aussagen über einen Mitarbeiter oder Bewerber ist wohl diejenige über den Charakter die wichtigste. Bei gleicher fachlicher Eignung entscheidet somit die charakterliche Beurteilung. Es ist der Charakter, der die Gewähr für eine »dauerhaft richtige« Besetzung gibt. Mit seiner Deutung sagen wir voraus, was in der Möglichkeit dieses Menschen liegt! Enttäuschungen bleiben dann für beide Seiten weitgehend erspart.

Charakter und Entscheidung

Zur Erleichterung der Entscheidung zunächst eine Tabelle:

Welche Charaktermerkmale treffen zu?

Verläßlichkeit	Unzuverlässigkeit
Offenheit	Verschlossenheit
Gewissenhaftigkeit	Leichtfertigkeit
Selbstdisziplin	Geringe oder keine Selbstdisziplin
Anstrengungsbereitschaft	Antriebsarmut
Ehrgeiz	Ohne Ehrgeiz
Dominanz	Unterordnung
Feinfühligkeit	Grobschlächtigkeit
Mut	Ängstlichkeit
Überheblichkeit	Bescheidenheit
Hoher Anspruch	Anspruchslosigkeit
Großzügigkeit	Pedanterie
Pflichtgefühl	Unbekümmertheit
Verantwortungsgefühl	Verträumtheit oder Naivität
Wahrhaftigkeit	Maskiertes Verhalten
Realistische Selbsteinschätzung	Geltungsbedürfnis
Selbstsicherheit	Schüchternheit
Innere Reife	Unreife

Später wird man, um sicher zu gehen, den »Charakter« im 16-Faktoren-Profil festhalten wollen. Hat man die wichtigsten Charaktermerkmale festgelegt, so wird es leichter, dem »Psychogramm« die Anforderungen der Stelle gegenüberzustellen und sich dann zu entscheiden. Was den jeweils »geeigneten Charakter« anbelangt, so entscheidet das Anforderungsprofil der Stelle, nicht die Vorliebe des Vorgesetzten. (So sollte es zumindest sein!) Es ist aber der Vorgesetzte, der darüber zu entscheiden hat, ob in einer bestimmten Stelle

- Kontaktfreudigkeit oder Abgeschlossenheit
- Dominanz oder Unterordnung
- Verläßlichkeit im Sinne vorgegebener Regeln und Normen oder eher »Unzuverlässigkeit« günstiger sind (z.b. wenn Eigensinn und Kreativität notwendige Komponenten für den Stelleninhaber sind)
- Feingefühl oder nüchterne Gefühllosigkeit
- Ängstlichkeit oder Mut
- Aufsichtgestelltsein oder Kontaktstärke
- nervöse Spannung oder phlegmatisches Temperatment usw.

vonnöten und für die optimale Aufgabenerfüllung günstiger sind.

Der Charakter selbst ist relativ konstant. Insofern kann man darauf bauen. Man mute ihm also keine Veränderungs- oder Anpassungskuren zu!

Assessment-Center-Methode

Im folgenden sollen das Assessment Center näher beschrieben und die Vorteile gegenüber herkömmlichen Auswahlverfahren begründet werden. Personalplanung und allgemeine Unternehmensziele bzw. -politik sind die Grundlagen oder sollten es sein.

Assessment Center sind seit zehn, fünfzehn Jahren auch hierzulande für die Bewerberauswahl bzw. die Auswahl von Fach-, Führungs- und Führungsnachwuchskräften eine interessante Variante zu den traditionellen Methoden der Auswahl und Beurteilung. Diese auf einem gesicherten Beurteilungsverfahren beruhende Auswahlmethode – ursprünglich in den USA für die Auswahl von Offizieren entwickelt und angewandt – hat sich inzwischen praktisch bewährt. In vielen Unternehmen sind »ihre« Assessment-Center bereits der Inbegriff einer Methode, die neutrale, objektive, sorgfältige, sichere und erfolgversprechende Auswahl zuläßt oder überhaupt erst ermöglicht.

Das Assessment Center besteht aus einer Reihe von Gruppen- und Einzelübungen, die Wissen, Fähigkeiten und vor allem das soziale Verhalten der Kandidaten beleuchten bzw. beobachtbar machen sollen. Zu den gebräuchlichsten Beurteilungskriterein gehören: Organisation, Planung und Kontrolle; Kooperation mit anderen und Akzeptanz durch andere; Führungsfähigkeiten und Führungsstil; Durchsetzungs- und Entscheidungsvermögen; Initiative und Kreativität; Belastbarkeit und Streß-Toleranz.

Assessment Center beginnen oft mit einer offenen Diskussion. Eine Gruppe der Teilnehmer erhält ein Diskussionsthema wie beispielsweise: »Ist Kooperation sinnvoll?«, »Mit welchen Mitteln sollte sich ein Vorgesetzter durchsetzen?«, »Kooperation ist schön und gut, im Zweifelsfall aber muß der Vorgesetzte durchgreifen!« Solche Diskussionen werden jeweils von dieser ausgewählten Gruppe geführt, der Rest der Teilnehmer und die Trainer beobachten und beurteilen nach vorgegebenen Kriterien wie:

– Problemanalyse
– Zielorientierung
– Zeitplanung und Methode
– Entscheidungsfindung bzw. Entscheidungsprozeß
– Ergebnis.

Die Ergebnisse zu diesen fünf Kriterien, die jeder für sich und dann zusammen in der Gruppe erstellt hat, werden anschließend offen diskutiert.

Solche Diskussionen werden zumeist an den Anfang von Assessment Centers gestellt, da dies eine der leichtesten Übungen ist. Ideal für den Einstieg und auch zum Kennenlernen der einzelnen Teilnehmer. Im Laufe der Veranstaltung werden die Anforderungen allerdings gesteigert. Rollenspiele, Postkorbübungen und diffizilere Diskussionen folgen.

Personalplanung: Personalqualität von morgen

Personalplanung ist meist eine »Folgeplanung«, die aus anderen Unternehmensplanungen (zum Beispiel Umsatz-, Investitions- und Produktionsplanung) abgeleitet wird und von diesen abhängig ist. Personalplanung orientiert sich gewollt oder zufällig eng an Konjunkturzyklen. Oft genug ist sie eine »Schönwetterplanung«, deren Planungsansätze den sich verändernden Marktgegebenheiten schnell zum Opfer fallen.

Beide Schwächen sollen überwunden werden. – Im letzten Jahrzehnt wurde in vielen Unternehmen nicht der Personalplan sondern die kurzfristige *Personalanpassung,* das oft abrupte Auf und Ab von *Abfindungsaktionen* und *Neueinstellungen* typisch. Die Grundsätze einer kontinuierlichen Beschäftigungspolitik wurden hingegen aufgegeben.

Personalplanung ist oft genug eine »Kopfzahlenplanung«. Sie enthält wenig *qualitative* und *Entwicklungs*elemente.

Ein weiterer Schwachpunkt vieler Personalpläne ist der rein instrumentelle Charakter. *Personalpolitische Wert-* und *Zielvorstellungen* fehlen.

Dem wichtigsten Gesichtspunkt, *Anforderungsspitzen* und *Einbrüche* bei den Produktionsprogrammen, den Arbeitsplatzanforderungen und der Mitarbeiterqualifikation *zu glätten,* wird zu wenig Rechnung getragen.

Bemerkenswert sind auch folgende Zusammenhänge: Personalplanung ist oft ein personalpolitisches Instrument des Großunternehmens. So gehen die Chancen auf dem Arbeitsmarkt auf Dauer zu Lasten der mittleren, in der Regel nicht planenden Unternehmen. Die planenden bekommen meist die leistungsfähigeren und qualitativ besseren Mitarbeiter.

Daher liegen die Schwerpunkte des hier verfolgten Ansatzes wie folgt:

1. Die logisch zwingende Ableitung der qualitativen Pesonalplanung von der langfristigen Unternehmenspolitik
2. Die Einbeziehung der personalpolitischen Grundsätze in die Personalplanung

3. *Der Vorrang der Persönlichkeit vor dem Fachmann,* d.h. das »Persönlichkeitsformat« der zu Fördernden soll entscheiden; *es geht um die Früherkennung der Führungsanlagen des heutigen und künftigen Führungspotentials*
4. Die Einbeziehung der Beteiligten in Zielsetzung, Planung und Durchführung
5. Die Mitrechnung der Innovationskraft der so Ausgewählten bzw. Geförderten im Gesamtvolumen, d.h. in den Unternehmenszielen und -Ergebnissen!

Das bedeutet praktisch, daß (a) technische bzw. technologische, (b) organisatorische, (c) Ablauf- und (d) Qualifikationsänderungen, aber auch (e) kommerzielle, Marketing- und gesellschaftspolitische Veränderungen durch die Absolventen des Assessment Center verwirklicht, unterstützt und mitgetragen werden!

Es sind die so »Ausgewählten« und »Geplanten«, die den Bestand und Fortschritt garantieren!

Unternehmenspolitik als Richtschnur

Von ausschlaggebender Bedeutung ist die Ankoppelung aller Förderungs- und Auswahlmethoden an das Unternehmensziel und die Unternehmenspolitik. Fragen sind: Welche sozialen Gesichtspunkte sollen hineingenommen werden? Welches Persönlichkeitsbild soll vorherrschen? Auf welchen Persönlichkeiten beiderlei Geschlechts soll künftig das Unternehmen ruhen?

Welchen Stellenwert hat die personalpolitische Kontinuität in der spezifischen Unternehmenspolitik? Welche Anstrengungen sind aufgrund der Unternehmensphilosophie und Unternehmensziele notwendig? Welchen Preis soll und kann man dafür zahlen?

Soll eine bestimmte Marktspitze »mitgenommen« werden? Wollen/müssen wir die Nummer 1 sein? Genügt uns der zehnte Platz? Wie füllen wir »unsere Marktnische« aus? Vieles andere kann daneben von Bedeutung sein.

In einer entwicklungsintensiven Zeit, wo Technik und Wirtschaft, innerbetriebliche und marktwirtschaftliche Probleme, Sozialwesen und Politik ständig neue Situationen schaffen, muß zumindest *eines stabil sein: die Führungsmannschaft.* Sie aufzubauen und zu erhalten, ist eine eminent wichtige Unternehmeraufgabe.

Die Leitlinien des Anwenders der doppelten Assessment Center Methode – 1. Personalförderung und 2. Erkennung und Auswahl der künftigen Positionsinhaber (unten, in der Mitte und oben) – ruhen auf der vierfachen Basis:

1 – dem institutionellen Zielsystem (langfristige Unternehmensplanung)
2 – dem praktizierten oder gewählten, künftigen Führungsstil
3 – der Organisationsstruktur (das Ist und Soll sowohl im betriebswirtschaftlichen als auch im betriebssoziologischen Sinne)
4 – der politischen, gesellschaftlichen und wirtschaftlichen Umwelt des Unternehmens.

Personalplanung und insbesondere das Assessment Center bedingen in der Regel:

A. Ein Personalinformationssystem: EDV-gestütztes System der geordneten Erfassung, Speicherung, Transformation und Ausgabe von personen- und arbeitsplatzbezogenen Daten . . . bis zu jenen, die zur Wahrnehmung von Führungs- und Verwaltungsaufgaben erforderlich sind.

B. Transparenz in jeder Beziehung. So werden z.B. bei Nachfrage- oder Produktionsspitzen Arbeitsplätze zusätzlich geschaffen, aber erkennbar mit dem Risiko, sie zu gegebener Zeit in einer rezessiven Phase wieder abbauen zu können bzw. zu müssen. Oder: Welche Beträge kann sich das Unternehmen leisten, um eine kontinuierliche Beschäftigungsentwicklung zu erreichen bzw. zu garantieren trotz widriger Marktumstände?
Die Durchsichtigkeit der Planungsprämissen und Planungsziele bedingt auch klare Aussagen bezüglich der notwendig werdenden Änderungen der Arbeitsstrukturen, um Daten zur Mitarbeiterqualifikation von morgen, Leistungswandlung und Leistungseinschränkungen berücksichtigen zu können. (Wer wird z.B. dem langjährigen Sachgebietsleiter rechtzeitig sagen, daß und wann seine Position »wegrationalisiert« wird?)
Unternehmenspolitik und lang-, mittel- und kurzfristige Unter-

ziele müssen ebenso klar und dem betroffenen Kreis der Führungskräfte zugänglich sein wie die Informationen für die Planungsprämissen. (Eher ruht ja doch keiner, bis er alle »Hintergründe« und
»Gedankenschnörkel« der Planer kennt!) Wenn auf der einen Seite
Umsatzplan, Absatzwerbung, Produktion, Investition usw. Teil der
Planungsprämissen sind (ebenso wie die Frage, welche Auswirkun-
gen auf den Mitarbeiter- und Führungskader technologische Veränderungen haben werden), so wird man umgekehrt auch fragen müssen, welche notwendig werdende Anpassungen aus gesetzlichen,
rechtlichen und moralischen Gründen zu berücksichtigen sein werden.

Aus diesen Überlegungen ergibt sich in der Planungsphase folgender

Fragenkatalog

1. Wie heißt die langfristige Unternehmensplanung? . . .
   a) Ziel(e)
   b) Politik
   c) welche Kontinuität(en)?

2. Welche − gültigen oder noch durch Maßnahmen zu begründen-
   den − personalpolitischen Grundsätze sind zu beachten? Zu be-
   rücksichtigende Wert- und Zielvorstellungen? (Z.B. »wir sind fe-
   derführend in moderner Technik«.)

3. Die Personalplanung:
   a) wovon abgeleitet?
   b) gibt es schon konkrete Zahlen über zu ersetzende Fach- und
      Führungskräfte?
   c) mengenmäßig − was wird in welcher Reihenfolge benötigt?
   d) aufgrund von bereits abgeschlossenen Planungen ergeben sich
      folgende Bedarfslisten . . .

4. Das (künftige) Führungspotential:
   a) Vorrang von Fachkenntnissen und/oder Vorrang von Persön-
      lichkeitswerten − wann und wo? . . .
   b) Wie müßte die Führunsmannschaft von morgen aussehen, wenn

sie optimal zusammengesetzt ist:
- fachliche Qualifikation
- Alter, Herkunft, Ausbildungsweg
- Persönlichkeitsmerkmale und Stil.
c) Welches Persönlichkeitsbild sollte vorherrschen?
   - Was kommt in 2. bzw. 3. Linie in Betracht?
d) Welches Faktorenprofil (z.B. 16 PF-Profil) soll der Früherkennung künftiger Führungseigenschaften zugrunde gelegt werden?

5. Welche Maßnahmen zur Stabilisierung oder Stabilhaltung der Führungsmannschaft bieten sich an?

6. Wichtige Voraussetzungen:
   - die Organisation, Organisationsstruktur, Organisations-Entwicklungsmaßnahmen
   - vorhandene und bereits geplante Personalförderungsmaßnahmen
   - das vorhandene bzw. konkret geplante allgemeine und spezielle Personalinformationssystem.

Vorteile der Assessment-Center-Methode

Herkömmliche Auswahlverfahren sind die Beurteilung von Bewerbungsunterlagen, Beschäftigungs- und Lebenslaufanalyse, graphologische Gutachten, psychologische Tests und vor allem das Einstellinterview. Eine Besonderheit herkömmlicher Auswahlverfahren ist die meist *entscheidende* Beurteilung des Bewerbers im Interview.
Themenkreise, die im Einstellungsinterview vorherrschen, sind:

1. Ausbildung und Weiter- bzw. Fortbildung
2. Fachliche Qualifikation
3. Berufserfahrung
4. Die persönliche Situation des Bewerbers, soweit sie für die Position relevant ist
5. Motivation und zukünftige Berufsziele
6. Integrations- und Kooperationsfähigkeit
   (soweit im Gespräch eruierbar)

7. Kenntnisse über die Firma.

Am Ende steht meist die persönliche Entscheidung des für die Besetzung der Position Verantwortlichen.

Ist das Interview weitgehend auf die Vergangenheit des Bewerbers gerichtet und die Einschätzung seiner künftigen Bewährungsmöglichkeiten – bei aller Mühe um Objektivität und Neutralität – doch eine subjektive Angelegenheit, prüft das Assessment Center die gegenwärtigen Möglichkeiten und Fähigkeiten des Bewerbers.

Das Assessment Center versucht, prognostische Aussagen zu treffen. Man kann z.b. auch testen, ob ein Mitarbeiter, der bisher keine Führungsaufgabe innehatte, eine Führungspersönlichkeit ist oder die Anlagen dazu besitzt.

Ein weiterer Vorteil ist, daß mehrere Auswahlmethoden nebeneinander und gleichzeitig eingesetzt werden können, z.B. Arbeitsproben, Fallstudien, Rollenspiele, Präsentationen, Vorträge, Gruppendiskussionen, Selbst- und Fremdeinschätzung, Einzel- und Gruppeninterviews, Entscheidungsübungen und Planspiele.

Das Assessment Center kann firmenspezifisch zusammengestellt werden. Die Kriterien der täglichen Arbeits- und Führungspraxis sollen dominieren – praxisrelevante Methoden stehen im Vordergrund. Die Übungen und Aufgaben des Assessment Centers sind realitätsnah. Die Übertragung der Ergebnisse in die Realsituation ist nicht nur möglich sondern entscheidend!

Die in Frage kommenden Kandidaten sind gleichzeitig anwesend. Man kann besser vergleichen. Die Entscheidung fällt gegebenenfalls an einem Tag.

Beobachter sollten – neben dem oder der Verantwortlichen aus dem Personalbereich – nicht nur heutige oder künftige Vorgesetzte der Teilnehmer sein. Am besten überspringt man eine Hierarchieebene und läßt z.B. den Hauptabteilungsleiter künftige Gruppenleiter beurteilen.

Ist ein Assessment Center erst einmal eingerichtet, wird man es mit dreierlei Zielen und Inhalten nutzen wollen:

1. als Auswahlseminar
2. als Beurteilungsseminar
3. als Personalentwicklungsseminar.

Zusammenfassend sollen noch einmal stichwortartig die Vorzüge genannt werden:

- der betriebsbezogene Ansatz
- der anforderungsgerechte Zuschnitt des Verfahrens
- der Einsatz vielfältiger Methoden
- die Beurteilung durch mehrere Personen
- die Konzentration auf beobachtbares Verhalten
- das beobachtbare, registrierte und besprochene Verhalten geht in die Beurteilung ein.

VII. Wer ist für welche Stelle geeignet?

Die Auswahlkriterien

Das Unternehmen hat bestimmte Erwartungen an den Mitarbeiter, für dessen Erfüllung es ihn bezahlt. Andererseits hat jeder Mitarbeiter bestimmte Vorstellungen, für welche Arbeitsleistung er von dem Unternehmen, bei dem er beschäftigt ist bzw. in das er eintreten möchte, entlohnt wird. Zwischen den beiden Erwartungen sollte weitgehende Übereinstimmung herrschen. Die *Klärung der Ziele, Aufgaben und Kompetenzen* eines Mitarbeiters sollte am Anfang aller Bemühungen stehen. Gegebenenfalls kann die Stellenbeschreibung gemeinsam erarbeitet werden.

Wie muß der neue Mann sein?
Was muß die neue Mitarbeiterin können?
Was sind die minimalen — und was die optimalen Voraussetzungen?

Aus der Stellenbeschreibung geht direkt oder indirekt hervor, welche Anforderungen der Mitarbeiter erfüllen muß, damit er die Ziele erreichen, die Bedingungen erfüllen und die Aufgaben bewältigen kann. Das jeweilige *Anforderungsprofil* setzt die intime Kenntnis der Aufgabenbewältigung voraus. Es ist ein Merkmalskatalog, welche Anforderungen mit welchem Gewicht der Inhaber einer Stelle erfüllen soll bzw. muß, um die gestellten Aufgaben aus Unternehmenssicht bewältigen zu können.

Wer Personalverantwortung trägt, also Mitarbeiter auswählt und einstellt, entscheidet je nach Vertrags- und Tarifbedingungen im Einzelfall über 5000 – 10000 – 20000 bis hin zu 100000 Mark. Das kann die Summe sein, die als »Fehlinvestition« zum Fenster hinausgeworfen wird, wenn die Entscheidung auf den Falschen fällt. Untersuchungen zeigen nämlich, daß die Kosten für eine Fehleinstellung etwa so hoch sind wie das Jahresgehalt des Eingestellten. Dabei ist neben dem vorübergehenden Leistungsausfall auch an die Kosten zu denken, die durch die Einarbeitung entstehen, Kosten für neue Anzeigen, administrativen Aufwand, Gehalts- bzw. Lohnanteile ohne entsprechende Gegenleistung usw.

»Der richtige Mann am richtigen Platz«?

»Ich suche einen Buchhalter«
»Wir brauchen dringend zehn Schlosser«
»Ein tüchtiger Laborant fehlt uns«
»Wir haben keine Fachverkäufer«
»Der Nachfolger für den Abteilungsmeister muß gesucht werden«
»Eine tüchtige Sektretärin muß her«
»Im Personalwesen steht die Position eines Referenten für Aus- und Fortbildung zur Debatte«.

So oder ähnlich lauten zunächst die »Anforderungen«. Inbegriffen sind natürlich viele unausgesprochene Erwartungen (vielleicht auch Enttäuschungen mit dem bisherigen Stelleninhaber) und entsprechend überzogene Hoffnungen auf den »Neuen«, der alles besser machen soll . . .

Deshalb steht in der Personalarbeit an erster Stelle die Überlegung, *wonach* eigentlich gesucht wird, welche persönlichen Eigenschaften und welche beruflichen Fähigkeiten der- oder diejenige haben muß, der bzw. die eine bestimmte Tätigkeit erfolgreich ausüben soll.

Was gehört dazu?

Beginnen wir mit den *notwendigen* Bedingungen:

1. Berufsausbildung

2. Berufliche Spezialisierung
3. Notwendige berufliche Erfahrungen
4. Alter und Geschlecht
5. Lohn/Gehalt nicht über ...
6. Zeitliche Verfügbarkeit nach Arbeitsstunden, unter Berücksichtigung der Anfahrtszeit, den Fahrmöglichkeiten und den privaten Verpflichtungen im Haushalt, in nebenberuflicher Tätigkeit usw.
7. Spezielle Kenntnisse, wie Fremdsprachen, EDV-Praxis oder Auslandserfahrung
8. Gesundheit
9. Bereitschaft und Fähigkeit, in der Gruppe zu arbeiten
10. Ein- und Unterordnungsbereitschaft bzw. die Fähigkeit und Neigung zur Selbständigkeit und Unabhängigkeit.

Neben den notwendigen Bedingungen, die ein Bewerber erfüllen muß, gibt es *zusätzliche* oder *wünschenswerte* Eigenschaften und Fähigkeiten, also solche, die er erfüllen sollte, wenn er dem Optimum nahekommen will.

Dazu gehören vielleicht in einem konkreten Fall:

— Kontaktfreudigkeit
— praktisches oder analystisches Denkvermögen
— sicheres Auftreten
— Belastbarkeit und emotionale Stabilität
— Dominanz und Durchsetzungsvermögen
— Entscheidungsvermögen
— Verläßlichkeit
— Feinfühligkeit oder — je nach Stellung — nüchterne Gefühllosigkeit
— Neigung zu Vertrauen oder eher Mißtrauen
— Pragmatismus oder Eigenwilligkeit und Ich-Bezogenheit
— Mut oder eher Ängstlichkeit
— Selbstgenügsamkeit oder Extravertiertheit (nach außen gerichtet sein und sich Menschen anschließend)
— Kontaktstreben oder Aufsichbezogenheit
— Lernbereitschaft/Kreativität oder eher »buchstabengetreues« Pflichtbewußtsein

- planerische Fähigkeiten
- Verhandlungsgeschick
- hohe nervöse Triebspannung oder seelische Ruhe.

Notieren Sie in folgender Checkliste, welche Merkmalsausprägung für eine bestimmte Stelle die günstigste ist. Können Sie sich im Einzelfall weder für die linke noch die rechte Seite entschließen, dann wird möglicherweise der mittlere Ausprägungsgrad der richtige sein.

Also:

weder »kontaktfreudig« oder:					noch »abgeschlossen«
weder »zu viel Mut«					noch »zu viel Vorsicht«.

Vermeiden Sie sowohl eine Überqualifikation eines Bewerbers als auch eine Unterqualifikation, aber auch unmögliche Forderungen, wie »Dominanz und Unterordnung zugleich«. Oder: »Feingefühl« ja, aber auch – wenn nötig – »gefühllose Nüchternheit«.

So kann ein Mensch nicht beschaffen sein. Die individuelle Ausprägung der 20 Merkmale liegt irgendwo zwischen den Polen und ist nur begrenzt durch Anpassung veränderbar.

Bei der folgenden Checkliste geht es nicht um »gute« oder »schlechte« Eigenschaften. Es geht um die in der betreffenden Stelle notwendigen und sich für die Wahrnehmung der Aufgaben günstig auswirkenden Persönlichkeitseigenschaften. Es ist eine erste Orientierung; die endgültige Festlegung erfolgt im bipolaren Persönlichkeitsprofil (S. 121 ff.).

Checkliste

Was benötigt der Mitarbeiter mehr?

Kontaktfreudigkeit	☐☐☐☐☐	Abgeschlossenheit
Praktisches Denkvermögen	☐☐☐☐☐	Analytisches Denkvermögen
Lernbereitschaft	☐☐☐☐☐	Keine Lernbereitschaft
Planerische Fähigkeiten	☐☐☐☐☐	Keine planerische Fähigkeiten
Verhandlungsgeschick	☐☐☐☐☐	Kein Verhandlungsgeschick
Entscheidungsfähigkeit	☐☐☐☐☐	Keine Entscheidungsfähigkeit
Selbständigkeit	☐☐☐☐☐	Geringe Selbständigkeit
Belastbarkeit (emotionale Stabilität)	☐☐☐☐☐	Geringe Belastbarkeit
Aktives Kontaktstreben	☐☐☐☐☐	Kontaktbereitschaft
Dominanz (Durchsetzungsvermögen)	☐☐☐☐☐	Unterordnung
Allgemeine Verläßlichkeit	☐☐☐☐☐	Spezielle Verläßlichkeit
Eigenwilligkeit und Kreativität	☐☐☐☐☐	Normentreue
Feingefühl	☐☐☐☐☐	Nüchterne Gefühllosigkeit
Pragmatismus	☐☐☐☐☐	Prinzipientreue
Vertrauen	☐☐☐☐☐	Mißtrauen
Mut	☐☐☐☐☐	Vorsicht oder Ängstlichkeit
Selbstgenügsamkeit (Aufsichgestelltsein)	☐☐☐☐☐	Auf Menschen ausgerichtet (Extravertiertheit)
Hohe Selbstdisziplin und Willenskontrolle	☐☐☐☐☐	Geringe Selbstdisziplin bzw. Willenskontrolle
Hohe nervöse bzw. Triebspannung	☐☐☐☐☐	Niedrige nervöse bzw. Triebspannung (Phlegma)

Stellenbeschreibungen und Anforderungsprofile

Arbeitsplatz- oder Stellenbeschreibungen fassen die den einzelnen Aufgabenträger betreffenden Regelungen der Organisation schriftlich zusammen, z.B.:

Stellung in der Organisation
Ziel der Stelle
Schlüsselaufgaben
Beschreibung von wesentlichen Aufgaben
Entscheidungsbefugnisse
Verantwortung
a) sachbezogen
b) mitarbeiterbezogen
c) ergebnisbezogen

Informationsaustausch und Zusammenarbeit (Kontakte)
a) innerbetrieblich
b) außerbetrieblich

Besondere stellentypische Erschwernisse.

Bei entsprechender betriebsbezogener Gliederung liefert die Stellenbeschreibung eine Verfeinerung in der Fixierung der Organisationsstruktur wie kaum ein anderes Hilfsmittel.

Allerdings: Stellenbeschreibungen sind in der Regel nur *aufgaben-* bzw. *organisationsbezogenen, sehr selten auch menschenbezogen.* Wenn überhaupt werden »Anforderungen« nicht in Persönlichkeits- oder Charaktermerkmalen, sondern in »Forderungen« postuliert:

»Der Stelleninhaber muß
... die oder die Ausbildung haben ...
... über folgende Fähigkeiten verfügen ...
... Verantwortung für Ziele und Ergebnisse übernehmen ...
... kontaktfähig sein ...
... mit folgenden Stellen reibungslos zusammenarbeiten ...
... seine Mitarbeiter regelmäßig informieren ...«
    usw.

Es werden betriebsnotwendige Standards, Leistungen und Verhaltensweisen genannt. Die *Übertragung in Persönlichkeitsprofile* fehlt. Sie muß meist erst noch geleistet werden!

Zumindest die *Bewertungskriterien* für Leistung und Verhalten sollten fairerweise *vorher* genannt werden und nicht erst hinterher, nach Ablauf der Probezeit oder wenn der Betreffende »versagt« hat. Gemeint sind klare Aussagen darüber,

- welche Ziele wann und wie erreicht werden sollten
- welche Bedingungen erfüllt sein müssen, wenn der Mitarbeiter seine Aufgaben »richtig« gelöst hat
- welche Ziele in der Delegation, Motivation und Koordination bis wann und mit welchem Ergebnis erreicht werden müssen
- wie man Abweichungen von dem geplanten Ziel handhaben und eventuelle Veränderungen in der Organisation, am Markt usw., die der Stelleninhaber *nicht* zu verantworten hat, behandeln wird.

Klare Festlegungen helfen nicht nur, Bewertungs- und Kompetenzstreitigkeiten zu vermeiden, sondern sie erhöhen auch die subjektive Sicherheit des einzelnen Mitarbeiters. So sind sie ein *Bindeglied zwischen Stellenbeschreibung* sowie *Anforderungs-* und *Persönlichkeitsprofil.*

Der nächste Schritt ist die Suche nach optimaler Übereinstimmung zwischen Anforderungs- und Persönlichkeitsprofil.

Die passenden Charaktere

Der Bestand einer Unternehmung in Zeiten wirtschaftlicher Depression hängt in hohem Maße von der optimalen organisatorischen Regelung ab. In Zeiten des Wachstums oder eines wirtschaftlichen Aufschwungs kommt es insbesondere auf eine zweckmäßige Regelung des Unternehmensaufbaues und der in diesem Rahmen ablaufenden Innovations- und Leistungsprozesse an. *In beiden Fällen entscheidet über die Güte der Organisation der in ihr arbeitende Mensch.* Geht es um die Besetzung einer Stelle, so ist, neben eindeutigen und wahrheitsgemäßen Aussagen in der Stellenbeschreibung die ebenso eindeutige und wahrheitsgemäße Beschreibung der Persönlichkeit ein unumgänglicher Schritt.

Im Mittelpunkt können *Charaktermerkmale* stehen (s. Kapitel VI) oder — wegen der größeren Sicherheit durch die mit 16 Positionen voll abgedeckten *Persönlichkeitsdimensionen* — das Persönlichkeitsprofil (s. Beispiele in Kapitel VIII). Denn kaum jemand ist für mehr als zwei oder drei verschiedene Stellen geeignet. Entscheidend ist stets der Charakter des Bewerbers mit seinen Stärken und Schwächen.

Die Optimierung der Auswahl

Unter zwei oder mehr Bewerbern ist derjenige zu wählen, der dem Anforderungsprofil am nächsten kommt. Die jeweils optimale Auswahl ist meist ein Kompromiß zwischen betrieblichen Vorgaben bzw. Notwendigkeiten und dem verfügbaren Bewerberpotential. Ist schon das Optimum »weniger« als die Idealbesetzung, so kommt bei jeder personellen Entscheidung noch die Aufgabe hinzu, den einzelnen in seiner persönlichen Welt mit der Wirklichkeit des Betriebes zu versöhnen.

Die »ökonomischen Zwänge«, die auf der Unternehmung lasten, stehen den gegenläufigen »Zwängen« im Individualbereich nach optimaler Sicherheit und Selbstverwirklichung gegenüber, ein Trend, den man zur Zeit offensichtlich ebenso wenig aufhalten kann wie den ökonomisch-technischen Fortschritt. — Für viele Mitarbeiter ist die Unternehmung der Ort, wo es Befriedigung (sprich Motivation) oder »Frustration« geben kann. Die »Eigengesetzlichkeit des Organismus Betrieb« wird von vielen, insbesondere den Jüngeren, nicht anerkannt. Ihnen erweist sich die Unternehmung sozusagen als die Eingangstür für die Befriedigung persönlicher Bedürfnisse.

Viele suchen
- einen »interessanten Job«
- eine »sichere Stellung«
- die Möglichkeit der »Selbstverwirklichung«, was mit persönlichem Einsatz und der Gefahr der Enttäuschung verbunden ist
- einen »Broterwerb«, der zur Abdeckung der persönlichen Bedürfnisse dient
- (seltener) eine Herausforderung, sein Bestes zu tun.

Aus dem Angebot muß der Personalleiter und Vorgesetzte wählen. Sie stehen für die Arbeitssuchenden sozusagen an der Eingangstür eines unter ökonomischen, technischen und organisatorischen Zwängen handelnden Gebildes. Sie bieten mit dem »Arbeitsplatz« zwar persönliche Befriedigungsmöglichkeiten an. Sie sind aber gebunden an die Maximen, die ein funktionstüchtiger Betrieb für sie als in der Verantwortung Stehende zwingend vorschreibt.

Wie diese »Eingangstür« in den Zielen, Erwartungen, Bedingungen und Möglichkeiten meist aussieht, zeigt die folgende Darstellung.

Der Betrieb

bietet einen Arbeitsplatz, definiert durch technische und organisatorische Vorgaben, berechnet nach dem Kosten-Nutzen-Prinzip, formuliert in Zielsetzungen, Aufgaben und Tätigkeiten;

im Rahmen seiner ökonomischen Ziele und dem sozialen Engagement stellt er dem einzelnen Entfaltungs- und Entwicklungsmöglichkeiten zur Verfügung;

alles ist jedoch dem „Betriebsprinzip" einerseits und dem „Sozialprinzip" andererseits unterordnet.

Vorgegeben sind neben dem Arbeitsplatz und den Bedingungen der Arbeit das soziale Umfeld: der Vorgesetzte, die Kollegen, die Gruppe, das Informations- und Kommunikationssystem, die Verhaltensnormen in der Gruppe, das Betriebsklima, der vorherrschende Führungsstil usw.

Die Begegnung Mensch und Betrieb

Der Mensch

tritt ein als ein psychologisches und soziales Wesen, weniger definiert durch seine „Arbeitskraft", sein „Leistungsvermögen" und seine beruflich-fachlichen „Fähigkeiten" als durch seine Persönlichkeit;

er bringt den Wunsch nach einem angemessenen Arbeitsplatz mit, sein bewußtes Wollen, die aktivierten oder latenten Motive, seine Einstellungen, Haltungen und den Charakter, damit die einzelnen Charaktermerkmale, seine Bindung an gelernte Verhaltensweisen;

seine vitalen und Begabungsreserven, den Wunsch nach Entfaltung und Selbstverwirklichung.

Vorgegeben sind die Merkmale seiner Individualität, das gelernte und eingeübte Sozialverhalten und damit die persönlichen Bedürfnisse.

Einiges zur Absicherung

Je weiter die Entwicklung geht, umso weniger kann sich die Unternehmung Fehlbesetzungen leisten. Ihr Bestand wird mehr und mehr davon abhängen, ob ihre *Personalauswahl* dafür sorgt, daß kompetente und wertvolle Mitarbeiter zu ihr strömen. Dazu gehört, daß den Mitarbeitern die Ziele des Unternehmens überzeugend vermittelt werden und Informationen für alle Beteiligten verfügbar sind.

In der Vorstufe ist es erforderlich, daß durch eine klare Organisation und systematische Durchleuchtung der gesamten Unternehmung Schwachstellen aufgedeckt und in der Folge durch kompetente Mitarbeiter vorhandene Mängel beseitigt werden.

Genaue und wirklichkeitsnahe Stellenbeschreibungen und Anforderungsprofile

- schaffen die Voraussetzung der Identifikation für den Mitarbeiter
- vermeiden Leistungs- und Kompetenzschwierigkeiten
- sichern die Zusammenarbeit
- verbessern den Informationsfluß und den Informationsaustausch
- sichern die persönliche Befriedigung.

Voraussetzung ist allerdings, daß betriebliche, organisatorische und Leistungsvorgaben auf den Grundsätzen der Auswahloptimierung beruhen. Das gilt sowohl für den Einsatz der vorhandenen Mitarbeiter als auch für außerbetriebliche Bewerber.

Es bleibt die Frage: Was ist zu tun, wenn in der Belegschaft kein geeigneter Aspirant für eine Stelle vorhanden ist? Die Antwort kann nur lauten: Das betriebliche Beurteilungssystem muß so beschaffen sein, daß es über jeden Mitarbeiter genaue Informationen über Leistungsvermögen und persönliche Ambitionen liefert.

Bleibt die zweite Frage: Wie kommt man an fähige Bewerber heran? Hier hilft z.B. ein der Anzeige sinngemäß zugrunde gelegtes Stellen- und Anforderungsschema. Die Auswahl ist nach Stellenbeschreibung und persönlichem Anforderungsprofil vom Personalleiter bzw. seinem Stellvertreter und dem künftigen Vorgesetzten vorzunehmen. Die Verantwortung dabei ist groß und man muß neben der Eignungsfeststellung für die akute Vakanz unter Umständen auch über die weitere Verwendungsfähigkeit entscheiden.

Die dritte Frage in einer personellen Entscheidungssituation ist meist die folgende: Welche Fehler darf ich mir leisten?

Fehler in der Wahl lassen sich auf die subjektive *Persönlichkeitsbeurteilung* eingrenzen, wenn vorher die Stellenbeschreibung und das sich davon ableitende »Anforderungsprofil für den optimalen Stelleninhaber« genau festgelegt wurde. Um sich zu vergewissern, kann man die »letzte« Beurteilung zu zweit oder zu dritt vornehmen und die nie auszuschließenden Diskrepanzen somit auf mehrere Schultern verteilen und gemeinsam ausräumen. Voraussetzung dabei ist, daß jedes Mitglied des Beurteilungs-Gremiums in der Auswahl und Entscheidung voll engagiert ist und sich entsprechend verantwortlich fühlt.

VIII. Anforderungs- und Persönlichkeitsprofile

Geht es um die Besetzung qualifizierter Fach- oder Führungspositionen, kann ein Anforderungsprofil den Auswahl- und Entscheidungsprozeß sehr erleichtern. Die Anforderungsarten sind mannigfaltig.

So geht es um Fachkenntnisse, Ausbildung, besondere berufliche und fachliche Erfahrungen; im gewerblichen Bereich z.b. um Geschicklichkeit und Körpergewandtheit, Handfertigkeit und Bewegungsgenauigkeit; an den meisten Arbeitsplätzen um Arbeitsgenauigkeit und Ausdauer usw. Im Angestelltenbereich werden oft spezielle Detail-Erfahrungen gefordert.

Hier und dort sind besondere Belastungen wie Eintönigkeit, ungewöhnlich schwere Arbeit, Risiko durch Krankheit, Unfall usw. von Bedeutung. Manchmal kommt es auf Schnelligkeit und/oder Dauerbeanspruchung an. Eine wesentliche Anforderung sind auch die Verantwortung oder die im Rahmen der Kompetenz zu fällenden Entscheidungen. Weitere Anforderungen liegen im Bereich der Zusammenarbeit und damit in der Wirkung auf nachfolgende Arbeiten bzw. Stellen, aber auch in der Durchsetzung seiner Ziele usw.

Wer Mitarbeiter auswählt und einsetzt, wird – da er sich der personellen und der Kostenverantwortung bewußt ist – nach Mitteln und Wegen suchen, die seine Entscheidungen absichern können. Ziel dabei kann kaum das theoretische Maximum sein. Das würde nämlich den Anspruch bedeuten, daß sich von hundert Eingestellten auch alle hundert in ihrer Aufgabe bewähren. Der Wirklichkeit näher wäre der Anspruch, *das Ausleseverhältnis wesentlich zu verbessern.*

Das Ausleseverhältnis verbessern

Das ist der Prozentsatz der ausgewählten Bewerber bzw. Bewerberinnen, die sich auf ihrem Posten bewähren. Wieviele von hundert Neueinstellungen erweisen sich im Laufe eines oder mehrerer Jahre durch die praktische Bewährung als »richtig«? Man wagt es kaum zu sagen: Es sind weniger als fünfzig Prozent.

Vieles ist schon gewonnen, wenn das *Anforderungsprofil* wirklichkeitsnah und genau erstellt wird. Es geht also um die Frage, welche Eigenschaften und Fähigkeiten in einer bestimmten Position Voraussetzung künftiger Bewährung sind. Listet man alle Anforderungsarten auf, die eine Stelle mit sich bringt, so erhält man das Anforderungsprofil. Man geht dabei zweckmäßigerweise im Sinne folgender Fragen vor:

- Was muß der oder die Betreffende im einzelnen tun?
- Wo liegen die wichtigsten und wo die weniger wichtigen Tätigkeiten?
- Unter welchen dauerhaften und situativen (bitte unterscheiden!) Bedingungen muß jemand seine Aufgaben lösen?
- Welche Kräfte und Fähigkeiten muß er/sie besitzen und einsetzen, um die sich im Vollzug der Aufgaben ergebenden Widerstände zu überwinden (Anpassungs- bzw. Umstellungsfähigkeit und Belastbarkeit)?

Daraus ergibt sich die Summe von Merkmalen, die eine Persönlichkeit besitzen muß, um die Aufgabe und Schwierigkeiten zu lösen, und zwar mit einer subjektiv als »normal« empfundenen Anstrengung. Das Anforderungsprofil muß genau und realistisch sein.

Allgemeines Anforderungsprofil

Geben Sie nicht jedem Merkmal das größte Gewicht, das würde kaum der Wirklichkeit entsprechen. Seien Sie in ihren »Anforderungen« so realistisch wie möglich.

Anforderungsmerkmale	Bemerkungen/nähere Hinweise	1 = sehr wichtig 2 = wichtig 3 = weniger wichtig
1. Fachkenntnisse		
2. Langjährige einschlägige praktische Erfahrung		
3. Analytisches Denkvermögen		
4. Praktische Intelligenz (konkretes Denken, „schnelles Schalten", Umstellungsfähigkeit)		
5. Zügiges schnelles Arbeitstempo		
6. Belastbarkeit (auch unter Druck und in Krisensituationen die Nerven behalten)		
7. Auftreten (sicheres Auftreten, Repräsentation		
8. Durchsetzungsvermögen (seine Ziele auch gegen den Widerstand anderer erreichen; Stehvermögen)		
9. Entscheidungsvermögen (Entscheidungen nicht aufschieben oder abwälzen; sorgfältig vorbereiten, klar und eindeutig treffen)		
10. Führungsvermögen		
11. Kontaktfähigkeit (Kontaktfreudigkeit, Zuhörenkönnen, aktiv auf andere zugehen)		

117

12. Initiative		
13. Planerische Fähigkeiten		
14. Phantasie/Kreativität		
15. Verhandlungsgeschick (sachlich und psychologisch richtig argumentieren; auch schwierigen Verhandlungspartnern gegenüber erfolgreich sein)		
16. Verläßlichkeit (sich selbst, der Sache und anderen gegenüber verläßlich sein)		
17. Verantwortungsbewußtsein und Verantwortungsbereitschaft		
18. Kooperationsbereitschaft (Bereitschaft und Fähigkeit, mit anderen an der Erfüllung gemeinsamer Aufgaben bzw. der Erreichung gemeinsamer Ziele erfolgreich zusammenzuarbeiten		
19. Dominanz (bestimmt, selbstüberzeugt, hart, direktiv sein)		
20. Selbstdisziplin/Willenskontrolle (Anlage bzw. Fähigkeit, sich im Sinne seiner Ziele und Werthaltungen konsequent zu verhalten und auch in schwierigen Situationen zu bestehen)		

Es genügt nicht, das Merkmal (z.B. Anpassungsfähigkeit, Belastbarkeit oder Intelligenz) an sich anzugeben. Es ist auch der erforderliche Ausprägungsgrad zu nennen. In der einen Position ist Kontaktfreudigkeit äußerst wichtig, in der anderen nebensächlich. Für einen Fachberater sind Fachkenntnisse wichtig, nicht aber unbbedingt Entscheidungsfähigkeit (das besorgen nämlich andere). Je nach Anforderung der Stelle ist das eine Merkmal »richtig« ausgeprägt, wenn es stark ist, das andere, wenn es schwach ist, usw. Es muß jeweils genau überlegt werden, was gebraucht wird, worauf es ankommt, was die optimale Persönlichkeit ist.

Der in vielen Unternehmen eingesetzte »Verkaufsbeauftragte«, »Verkaufsbevollmächtigte« oder »Vertriebsbevollmächtigte« kann mit folgendem Anforderungsprofil näher definiert werden.

Anforderungsprofil für Verkaufsbeauftragte

Persönlichkeitsmerkmale		Ausprägung			Bemerkungen
		schwach	mittel	stark	
1. Merkmale im kognitiven Bereich					
	1.1 Fachkenntnisse				
	1.2 Allgemeinbildung				
	1.3 Erkennen von Sachverhalten und Zusammenhängen				
	1.4 Beurteilen von Sachverhalten und Zusammenhängen				
2. Merkmale im emotionalen Bereich					
	2.1 Einfühlungsvermögen				
	2.2 Kontaktfähigkeit				
	2.3 Begeisterungsfähigkeit				
	2.4 Ideenreichtum				
3. Merkmale im dynamischen Bereich					
	3.1 Ich-Bezogenheit				
	3.2 Dominanz				
	3.3 Geltungsdrang				
	3.4 Prestigestreben/ökonomische Antriebe				
	3.5 Ehrgeiz				
	3.6 Initiative				
	3.7 Zielstrebigkeit				
	3.8 Einsatzbereitschaft				

4. Merkmale im statischen Bereich						
	4.1 Selbstsicherheit					
	4.2 Belastbarkeit (auch: Stehvermögen und Robustheit)					
	4.3 Pflichtbewußtsein					
	4.4 Verantwortungsbewußtsein					
	4.5 Sorgfalt					
	4.6 Gründlichkeit					
	4.7 Ausdauer					
5. Wirkung der Merkmale auf andere						
	5.1 Seriosität/Vertrauenswürdigkeit					
	5.2 Überzeugungskraft					
	5.3 Fähigkeit zur Präsentation					
	5.4 Argumentationstechnik					

Erst wenn man weiß, nach welchen Persönlichkeitswerten man sucht, kann auch der entsprechende Ausprägungsgrad festgelegt werden. Arbeitsverhalten, Fleiß, Selbständigkeit oder Durchsetzungsvermögen lassen sich anhand von Zeugnissen, Referenzen, persönlicher Erscheinung und Aussagen im Vorstellungsgespräch nicht mit Sicherheit feststellen. Es kommt nämlich auf die Gesamtpersönlichkeit an! Arbeitsverhalten, Zuverlässigkeit oder Durchsetzungsvermögen sind nicht vordergründige Verhaltensweisen. Sie werden erst wirksam auf der Grundlage einer bestimmten Persönlichkeit. Es ist das Vorhandensein oder Nichtvorhandensein eines bestimmten Persönlichkeitsfaktors, was den Erfolg oder Mißerfolg in der betrieblichen Praxis bedingt.

Alles wünschenswerte Verhalten, Leistung, Bewährung und Identifikation mit der Aufgabe und dem Betrieb – und damit Interesse, Motivation und Zufriedenheit des Mitarbeiters – hängen davon ab, ob die Ausprägung der Persönlichkeitsfaktoren mit den Anforderungen der Stelle und den sonstigen betrieblichen Normen und Bedingungen (auch den Beurteilungskriterien) übereinstimmen.

Welche Persönlichkeitsfaktoren sind das und auf welchen Ausprägungsgrad kommt es im Einzelfall an? Dies sei an zwei Beispielen dargestellt, einmal an ausgewählten Positionsinhabern in Industriebetrieben und zum anderen an typischen Führungskräften im Handel marktbeherrschender Unternehmen.

120

Persönlichkeitsprofile: Industrie

Meister

Persönlichkeitsprofil[7]

Linkes Merkmal	1	2	3	4	5	6	Rechtes Merkmal
Kontaktfreudigkeit (Menschliche Nähe, Gefühlswärme)			■				Abgeschlossenheit (Gefühlsarmut)
Intelligenz		■					Dummheit
Emotionale Stabilität	■						Emotionale Labilität
Dominanz (Selbstbehauptung, Machtbedürfnis)		■					Unterordnung
Zufriedene Heiterkeit		■					Neigung zu Depressionen
Verläßlichkeit (im Sinne allgemeiner oder gesetzter Regeln und Normen)	■						Unzuverlässigkeit (im allgemeinen und im Sinne gesetzter Regeln und Normen)
Unbekümmertheit (Forschheit)		■					Gehemmtheit (geringe Impulsivität)
Sentimentalität (Feingefühl)				■			Nüchterne Gefühllosigkeit
Mißtrauen (leicht enttäuscht)					■		Vertrauen (geringer Argwohn)
Pragmatischer Realismus	■						Primitive Ich-Bezogenheit
Nüchternheit/Korrektheit/ Gewitztheit		■					Verträumtheit/Naivität
Ängstlichkeit (allgemein oder aus Schuldgefühlen)				■			Geringe Angst (nicht zu Schuldgefühlen und Skrupeln neigend)
Radikalismus				■			Konservatismus
Selbstgenügsamkeit (auf sich gestellt, auch: Einzelgängertum)			■				Auf Menschen ausgerichtet (sich den Menschen anschließend)
Selbstdisziplin (Willenskontrolle)	■						Geringe Selbstdisziplin (impulsiv, ungesteuert)
Nervöse bzw. Triebspannung			■				Geringe nervöse bzw. Triebspannung

Linkes Merkmal	Profil	Rechtes Merkmal
Kontaktfreudigkeit[8] (Menschliche Nähe, Gefühlswärme)	⬜■⬜⬜⬜⬜	Abgeschlossenheit (Gefühlsarmut)
Intelligenz	■⬜⬜⬜⬜⬜	Dummheit
Emotionale Stabilität	⬜⬜■⬜⬜⬜	Emotionale Labilität
Dominanz (Selbstbehauptung, Machtbedürfnis)	■⬜⬜⬜⬜⬜	Unterordnung
Zufriedene Heiterkeit	⬜■⬜⬜⬜⬜	Neigung zu Depressionen
Verläßlichkeit (im Sinne allgemeiner oder gesetzter Regeln und Normen)	⬜⬜■⬜⬜⬜	Unzuverlässigkeit (im allgemeinen und im Sinne gesetzter Regeln und Normen)
Unbekümmertheit (Forschheit)	⬜⬜■⬜⬜⬜	Gehemmtheit (geringe Impulsivität)
Sentimentalität (Feingefühl)	⬜■⬜⬜⬜⬜	Nüchterne Gefühllosigkeit
Mißtrauen (leicht enttäuscht)	⬜⬜⬜■⬜⬜	Vertrauen (geringer Argwohn)
Pragmatischer Realismus	⬜⬜⬜■⬜⬜	Primitive Ich-Bezogenheit
Nüchternheit/Korrektheit/ Gewitztheit	⬜■⬜⬜⬜⬜	Verträumtheit/Naivität
Ängstlichkeit (allgemein oder aus Schuldgefühlen)	⬜⬜⬜■⬜⬜	Geringe Angst (nicht zu Schuldgefühlen und Skrupeln neigend)
Radikalismus	⬜⬜■⬜⬜⬜	Konservatismus
Selbstgenügsamkeit (auf sich gestellt, auch: Einzelgängertum)	⬜⬜■⬜⬜⬜	Auf Menschen ausgerichtet (sich den Menschen anschließend)
Selbstdisziplin (Willenskontrolle)	⬜■⬜⬜⬜⬜	Geringe Selbstdisziplin (impulsiv, ungesteuert)
Nervöse bzw. Triebspannung	⬜■⬜⬜⬜⬜	Geringe nervöse bzw. Triebspannung

122

Kontaktfreudigkeit[9] (Menschliche Nähe, Gefühlswärme)		Abgeschlossenheit (Gefühlsarmut)
Intelligenz		Dummheit
Emotionale Stabilität		Emotionale Labilität
Dominanz (Selbstbehauptung, Machtbedürfnis)		Unterordnung
Zufriedene Heiterkeit		Neigung zu Depressionen
Verläßlichkeit (im Sinne allgemeiner oder gesetzter Regeln und Normen)		Unzuverlässigkeit (im allgemeinen und im Sinne gesetzter Regeln und Normen)
Unbekümmertheit (Forschheit)		Gehemmtheit (geringe Impulsivität)
Sentimentalität (Feingefühl)		Nüchterne Gefühllosigkeit
Mißtrauen (leicht enttäuscht)		Vertrauen (geringer Argwohn)
Pragmatischer Realismus		Primitive Ich-Bezogenheit
Nüchternheit/Korrektheit/ Gewitztheit		Verträumtheit/Naivität
Ängstlichkeit (allgemein oder aus Schuldgefühlen)		Geringe Angst (nicht zu Schuldgefühlen und Skrupeln neigend)
Radikalismus		Konservatismus
Selbstgenügsamkeit (auf sich gestellt, auch: Einzelgängertum)		Auf Menschen ausgerichtet (sich den Menschen anschließend)
Selbstdisziplin (Willenskontrolle)		Geringe Selbstdisziplin (impulsiv, ungesteuert)
Nervöse bzw. Triebspannung		Geringe nervöse bzw. Triebspannung

Chefsekretärin

Persönlichkeitsprofil

Kontaktfreudigkeit[10] (Menschliche Nähe, Gefühlswärme)		Abgeschlossenheit (Gefühlsarmut)
Intelligenz		Dummheit
Emotionale Stabilität		Emotionale Labilität
Dominanz (Selbstbehauptung, Machtbedürfnis)		Unterordnung
Zufriedene Heiterkeit		Neigung zu Depressionen
Verläßlichkeit (im Sinne allgemeiner oder gesetzter Regeln und Normen)		Unzuverlässigkeit (im allgemeinen und im Sinne gesetzter Regeln und Normen)
Unbekümmertheit (Forschheit)		Gehemmtheit (geringe Impulsivität)
Sentimentalität (Feingefühl)		Nüchterne Gefühllosigkeit
Mißtrauen (leicht enttäuscht)		Vertrauen (geringer Argwohn)
Pragmatischer Realismus		Primitive Ich-Bezogenheit
Nüchternheit/Korrektheit/ Gewitztheit		Verträumtheit/Naivität
Ängstlichkeit (allgemein oder aus Schuldgefühlen)		Geringe Angst (nicht zu Schuldgefühlen und Skrupeln neigend)
Radikalismus		Konservatismus
Selbstgenügsamkeit (auf sich gestellt, auch: Einzelgängertum)		Auf Menschen ausgerichtet (sich den Menschen anschließend)
Selbstdisziplin (Willenskontrolle)		Geringe Selbstdisziplin (impulsiv, ungesteuert)
Nervöse bzw. Triebspannung		Geringe nervöse bzw. Triebspannung

Kontaktfreudigkeit (Menschliche Nähe, Gefühlswärme)	☐☐☐☐■☐	Abgeschlossenheit (Gefühlsarmut)
Intelligenz	☐■☐☐☐☐	Dummheit
Emotionale Stabilität	■☐☐☐☐☐	Emotionale Labilität
Dominanz (Selbstbehauptung, Machtbedürfnis)	☐■☐☐☐☐	Unterordnung
Zufriedene Heiterkeit	☐☐■☐☐☐	Neigung zu Depressionen
Verläßlichkeit (im Sinne allgemeiner oder gesetzter Regeln und Normen)	■☐☐☐☐☐	Unzuverlässigkeit (im allgemeinen und im Sinne gesetzter Regeln und Normen)
Unbekümmertheit (Forschheit)	☐☐■☐☐☐	Gehemmtheit (geringe Impulsivität)
Sentimentalität (Feingefühl)	☐☐☐■☐☐	Nüchterne Gefühllosigkeit
Mißtrauen (leicht enttäuscht)	☐■☐☐☐☐	Vertrauen (geringer Argwohn)
Pragmatischer Realismus	☐■☐☐☐☐	Primitive Ich-Bezogenheit
Nüchternheit/Korrektheit/ Gewitztheit	■☐☐☐☐☐	Verträumtheit/Naivität
Ängstlichkeit (allgemein oder aus Schuldgefühlen)	☐☐☐■☐☐	Geringe Angst (nicht zu Schuldgefühlen und Skrupeln neigend)
Radikalismus	☐☐■☐☐☐	Konservatismus
Selbstgenügsamkeit (auf sich gestellt, auch: Einzelgängertum)	☐■☐☐☐☐	Auf Menschen ausgerichtet (sich den Menschen anschließend)
Selbstdisziplin (Willenskontrolle)	☐■☐☐☐☐	Geringe Selbstdisziplin (impulsiv, ungesteuert)
Nervöse bzw. Triebspannung	☐☐☐■☐☐	Geringe nervöse bzw. Triebspannung

Sachgebietsleiter

Persönlichkeitsprofil

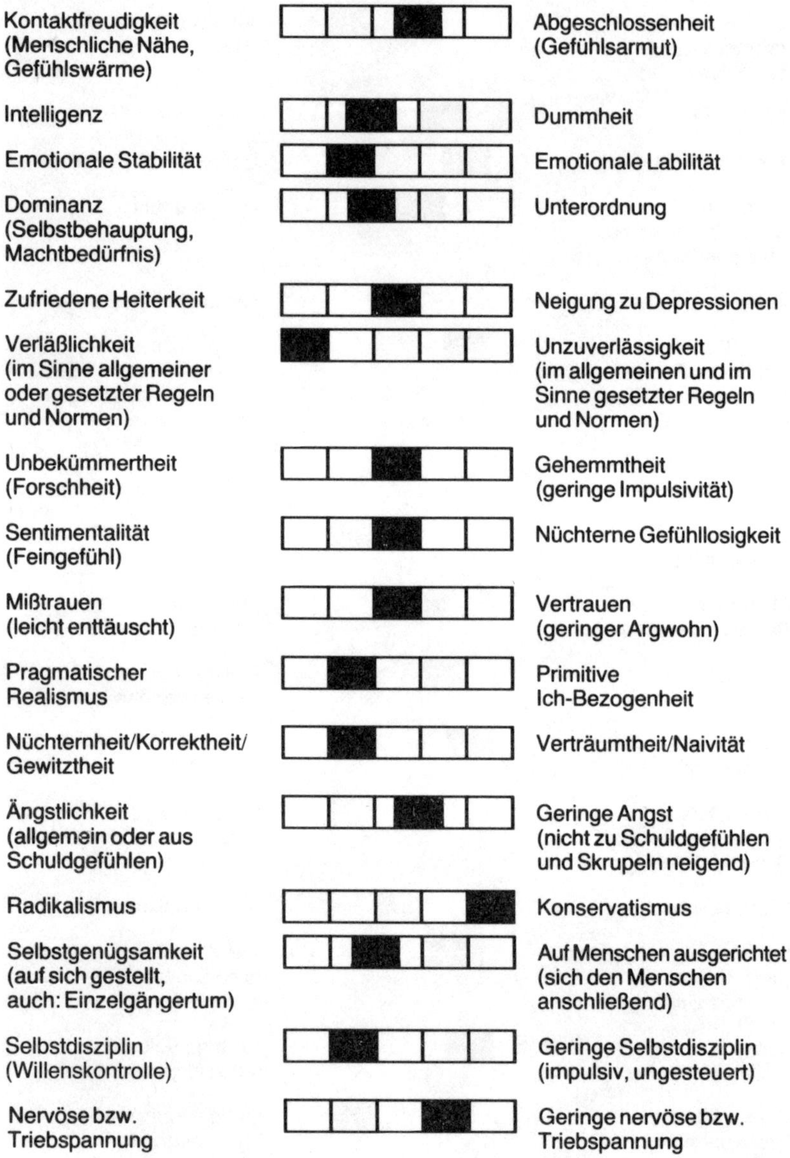
Kontaktfreudigkeit (Menschliche Nähe, Gefühlswärme)
Abgeschlossenheit (Gefühlsarmut)
Intelligenz
Dummheit
Emotionale Stabilität
Emotionale Labilität
Dominanz (Selbstbehauptung, Machtbedürfnis)
Unterordnung
Zufriedene Heiterkeit
Neigung zu Depressionen
Verläßlichkeit (im Sinne allgemeiner oder gesetzter Regeln und Normen)
Unzuverlässigkeit (im allgemeinen und im Sinne gesetzter Regeln und Normen)
Unbekümmertheit (Forschheit)
Gehemmtheit (geringe Impulsivität)
Sentimentalität (Feingefühl)
Nüchterne Gefühllosigkeit
Mißtrauen (leicht enttäuscht)
Vertrauen (geringer Argwohn)
Pragmatischer Realismus
Primitive Ich-Bezogenheit
Nüchternheit/Korrektheit/Gewitztheit
Verträumtheit/Naivität
Ängstlichkeit (allgemein oder aus Schuldgefühlen)
Geringe Angst (nicht zu Schuldgefühlen und Skrupeln neigend)
Radikalismus
Konservatismus
Selbstgenügsamkeit (auf sich gestellt, auch: Einzelgängertum)
Auf Menschen ausgerichtet (sich den Menschen anschließend)
Selbstdisziplin (Willenskontrolle)
Geringe Selbstdisziplin (impulsiv, ungesteuert)
Nervöse bzw. Triebspannung
Geringe nervöse bzw. Triebspannung

Technisches Vorstandsmitglied

Persönlichkeitsprofil

| Kontaktfreudigkeit (Menschliche Nähe, Gefühlswärme) | | | Abgeschlossenheit (Gefühlsarmut) |

Technisches Vorstandsmitglied

Persönlichkeitsprofil

Kontaktfreudigkeit (Menschliche Nähe, Gefühlswärme)	Abgeschlossenheit (Gefühlsarmut)
Intelligenz	Dummheit
Emotionale Stabilität	Emotionale Labilität
Dominanz (Selbstbehauptung, Machtbedürfnis)	Unterordnung
Zufriedene Heiterkeit	Neigung zu Depressionen
Verläßlichkeit (im Sinne allgemeiner oder gesetzter Regeln und Normen)	Unzuverlässigkeit (im allgemeinen und im Sinne gesetzter Regeln und Normen)
Unbekümmertheit (Forschheit)	Gehemmtheit (geringe Impulsivität)
Sentimentalität (Feingefühl)	Nüchterne Gefühllosigkeit
Mißtrauen (leicht enttäuscht)	Vertrauen (geringer Argwohn)
Pragmatischer Realismus	Primitive Ich-Bezogenheit
Nüchternheit/Korrektheit/ Gewitztheit	Verträumtheit/Naivität
Ängstlichkeit (allgemein oder aus Schuldgefühlen)	Geringe Angst (nicht zu Schuldgefühlen und Skrupeln neigend)
Radikalismus	Konservatismus
Selbstgenügsamkeit (auf sich gestellt, auch: Einzelgängertum)	Auf Menschen ausgerichtet (sich den Menschen anschließend)
Selbstdisziplin (Willenskontrolle)	Geringe Selbstdisziplin (impulsiv, ungesteuert)
Nervöse bzw. Triebspannung	Geringe nervöse bzw. Triebspannung

127

Persönlichkeitsprofil

Linker Pol	1	2	3	4	5	6	7	Rechter Pol
Kontaktfreudigkeit (Menschliche Nähe, Gefühlswärme)			■					Abgeschlossenheit (Gefühlsarmut)
Intelligenz		■						Dummheit
Emotionale Stabilität			■					Emotionale Labilität
Dominanz (Selbstbehauptung, Machtbedürfnis)		■						Unterordnung
Zufriedene Heiterkeit		■						Neigung zu Depressionen
Verläßlichkeit (im Sinne allgemeiner oder gesetzter Regeln und Normen)	■							Unzuverlässigkeit (im allgemeinen und im Sinne gesetzter Regeln und Normen)
Unbekümmertheit (Forschheit)		■						Gehemmtheit (geringe Impulsivität)
Sentimentalität (Feingefühl)				■				Nüchterne Gefühllosigkeit
Mißtrauen (leicht enttäuscht)			■					Vertrauen (geringer Argwohn)
Pragmatischer Realismus		■						Primitive Ich-Bezogenheit
Nüchternheit/Korrektheit/ Gewitztheit	■							Verträumtheit/Naivität
Ängstlichkeit (allgemein oder aus Schuldgefühlen)					■			Geringe Angst (nicht zu Schuldgefühlen und Skrupeln neigend)
Radikalismus						■		Konservatismus
Selbstgenügsamkeit (auf sich gestellt, auch: Einzelgängertum)					■			Auf Menschen ausgerichtet (sich den Menschen anschließend)
Selbstdisziplin (Willenskontrolle)		■						Geringe Selbstdisziplin (impulsiv, ungesteuert)
Nervöse bzw. Triebspannung			■					Geringe nervöse bzw. Triebspannung

Persönlichkeitsprofile: Handel

Fachberater

Persönlichkeitsprofil

Links	Profil	Rechts
Kontaktfreudigkeit (Menschliche Nähe, Gefühlswärme)	□□■□□□	Abgeschlossenheit (Gefühlsarmut)
Intelligenz	□□■□□	Dummheit
Emotionale Stabilität	□■□□□	Emotionale Labilität
Dominanz (Selbstbehauptung, Machtbedürfnis)	□■□□□	Unterordnung
Zufriedene Heiterkeit	□■□□□	Neigung zu Depressionen
Verläßlichkeit (im Sinne allgemeiner oder gesetzter Regeln und Normen)	■□□□□	Unzuverlässigkeit (im allgemeinen und im Sinne gesetzter Regeln und Normen)
Unbekümmertheit (Forschheit)	□■□□□	Gehemmtheit (geringe Impulsivität)
Sentimentalität (Feingefühl)	□□■□□	Nüchterne Gefühllosigkeit
Mißtrauen (leicht enttäuscht)	□□□■□	Vertrauen (geringer Argwohn)
Pragmatischer Realismus	□■□□□	Primitive Ich-Bezogenheit
Nüchternheit/Korrektheit/ Gewitztheit	□■■□□	Verträumtheit/Naivität
Ängstlichkeit (allgemein oder aus Schuldgefühlen)	□□□■□	Geringe Angst (nicht zu Schuldgefühlen und Skrupeln neigend)
Radikalismus	□□□■□	Konservatismus
Selbstgenügsamkeit (auf sich gestellt, auch: Einzelgängertum)	□□■□□	Auf Menschen ausgerichtet (sich den Menschen anschließend)
Selbstdisziplin (Willenskontrolle)	□■□□□	Geringe Selbstdisziplin (impulsiv, ungesteuert)
Nervöse bzw. Triebspannung	■□□□□	Geringe nervöse bzw. Triebspannung

129

Persönlichkeitsprofil

Kontaktfreudigkeit (Menschliche Nähe, Gefühlswärme)		Abgeschlossenheit (Gefühlsarmut)
Intelligenz		Dummheit
Emotionale Stabilität		Emotionale Labilität
Dominanz (Selbstbehauptung, Machtbedürfnis)		Unterordnung
Zufriedene Heiterkeit		Neigung zu Depressionen
Verläßlichkeit (im Sinne allgemeiner oder gesetzter Regeln und Normen)		Unzuverlässigkeit (im allgemeinen und im Sinne gesetzter Regeln und Normen)
Unbekümmertheit (Forschheit)		Gehemmtheit (geringe Impulsivität)
Sentimentalität (Feingefühl)		Nüchterne Gefühllosigkeit
Mißtrauen (leicht enttäuscht)		Vertrauen (geringer Argwohn)
Pragmatischer Realismus		Primitive Ich-Bezogenheit
Nüchternheit/Korrektheit/ Gewitztheit		Verträumtheit/Naivität
Ängstlichkeit (allgemein oder aus Schuldgefühlen)		Geringe Angst (nicht zu Schuldgefühlen und Skrupeln neigend)
Radikalismus		Konservatismus
Selbstgenügsamkeit (auf sich gestellt, auch: Einzelgängertum)		Auf Menschen ausgerichtet (sich den Menschen anschließend)
Selbstdisziplin (Willenskontrolle)		Geringe Selbstdisziplin (impulsiv, ungesteuert)
Nervöse bzw. Triebspannung		Geringe nervöse bzw. Triebspannung

Zentraleinkäufer Non-Food (Bereichsleiter)

Persönlichkeitsprofil

Kontaktfreudigkeit (Menschliche Nähe, Gefühlswärme)	■ Position 4 von 6	Abgeschlossenheit (Gefühlsarmut)
Intelligenz	■ Position 2 von 6	Dummheit
Emotionale Stabilität	■ Position 1 von 6	Emotionale Labilität
Dominanz (Selbstbehauptung, Machtbedürfnis)	■ Position 1 von 6	Unterordnung
Zufriedene Heiterkeit	■ Position 3 von 6	Neigung zu Depressionen
Verläßlichkeit (im Sinne allgemeiner oder gesetzter Regeln und Normen)	■ Position 1 von 6	Unzuverlässigkeit (im allgemeinen und im Sinne gesetzter Regeln und Normen)
Unbekümmertheit (Forschheit)	■ Position 2 von 6	Gehemmtheit (geringe Impulsivität)
Sentimentalität (Feingefühl)	■ Position 4 von 6	Nüchterne Gefühllosigkeit
Mißtrauen (leicht enttäuscht)	■ Position 3 von 6	Vertrauen (geringer Argwohn)
Pragmatischer Realismus	■ Position 2 von 6	Primitive Ich-Bezogenheit
Nüchternheit/Korrektheit/Gewitztheit	■ Position 2 von 6	Verträumtheit/Naivität
Ängstlichkeit (allgemein oder aus Schuldgefühlen)	■ Position 4 von 6	Geringe Angst (nicht zu Schuldgefühlen und Skrupeln neigend)
Radikalismus	■ Position 2 von 6	Konservatismus
Selbstgenügsamkeit (auf sich gestellt, auch: Einzelgängertum)	■ Position 4 von 6	Auf Menschen ausgerichtet (sich den Menschen anschließend)
Selbstdisziplin (Willenskontrolle)	■ Position 2 von 6	Geringe Selbstdisziplin (impulsiv, ungesteuert)
Nervöse bzw. Triebspannung	■ Position 4 von 6	Geringe nervöse bzw. Triebspannung

Leiter Warengruppe Getreideerzeugnisse

Persönlichkeitsprofil

| Kontaktfreudigkeit (Menschliche Nähe, Gefühlswärme) | | | | | | | Abgeschlossenheit (Gefühlsarmut) |

| Intelligenz | | | | | | | Dummheit |

| Emotionale Stabilität | | | | | | | Emotionale Labilität |

| Dominanz (Selbstbehauptung, Machtbedürfnis) | | | | | | | Unterordnung |

| Zufriedene Heiterkeit | | | | | | | Neigung zu Depressionen |

| Verläßlichkeit (im Sinne allgemeiner oder gesetzter Regeln und Normen) | | | | | | | Unzuverlässigkeit (im allgemeinen und im Sinne gesetzter Regeln und Normen) |

| Unbekümmertheit (Forschheit) | | | | | | | Gehemmtheit (geringe Impulsivität) |

| Sentimentalität (Feingefühl) | | | | | | | Nüchterne Gefühllosigkeit |

| Mißtrauen (leicht enttäuscht) | | | | | | | Vertrauen (geringer Argwohn) |

| Pragmatischer Realismus | | | | | | | Primitive Ich-Bezogenheit |

| Nüchternheit/Korrektheit/ Gewitztheit | | | | | | | Verträumtheit/Naivität |

| Ängstlichkeit (allgemein oder aus Schuldgefühlen) | | | | | | | Geringe Angst (nicht zu Schuldgefühlen und Skrupeln neigend) |

| Radikalismus | | | | | | | Konservatismus |

| Selbstgenügsamkeit (auf sich gestellt, auch: Einzelgängertum) | | | | | | | Auf Menschen ausgerichtet (sich den Menschen anschließend) |

| Selbstdisziplin (Willenskontrolle) | | | | | | | Geringe Selbstdisziplin (impulsiv, ungesteuert) |

| Nervöse bzw. Triebspannung | | | | | | | Geringe nervöse bzw. Triebspannung |

Persönlichkeitsprofil

Kontaktfreudigkeit (Menschliche Nähe, Gefühlswärme)		Abgeschlossenheit (Gefühlsarmut)
Intelligenz		Dummheit
Emotionale Stabilität		Emotionale Labilität
Dominanz (Selbstbehauptung, Machtbedürfnis)		Unterordnung
Zufriedene Heiterkeit		Neigung zu Depressionen
Verläßlichkeit (im Sinne allgemeiner oder gesetzter Regeln und Normen)		Unzuverlässigkeit (im allgemeinen und im Sinne gesetzter Regeln und Normen)
Unbekümmertheit (Forschheit)		Gehemmtheit (geringe Impulsivität)
Sentimentalität (Feingefühl)		Nüchterne Gefühllosigkeit
Mißtrauen (leicht enttäuscht)		Vertrauen (geringer Argwohn)
Pragmatischer Realismus		Primitive Ich-Bezogenheit
Nüchternheit/Korrektheit/ Gewitztheit		Verträumtheit/Naivität
Ängstlichkeit (allgemein oder aus Schuldgefühlen)		Geringe Angst (nicht zu Schuldgefühlen und Skrupeln neigend)
Radikalismus		Konservatismus
Selbstgenügsamkeit (auf sich gestellt, auch: Einzelgängertum)		Auf Menschen ausgerichtet (sich den Menschen anschließend)
Selbstdisziplin (Willenskontrolle)		Geringe Selbstdisziplin (impulsiv, ungesteuert)
Nervöse bzw. Triebspannung		Geringe nervöse bzw. Triebspannung

Vorstandsmitglied

Persönlichkeitsprofil

Kontaktfreudigkeit (Menschliche Nähe, Gefühlswärme)						Abgeschlossenheit (Gefühlsarmut)
Intelligenz						Dummheit
Emotionale Stabilität						Emotionale Labilität
Dominanz (Selbstbehauptung, Machtbedürfnis)						Unterordnung
Zufriedene Heiterkeit						Neigung zu Depressionen
Verläßlichkeit (im Sinne allgemeiner oder gesetzter Regeln und Normen)						Unzuverlässigkeit (im allgemeinen und im Sinne gesetzter Regeln und Normen)
Unbekümmertheit (Forschheit)						Gehemmtheit (geringe Impulsivität)
Sentimentalität (Feingefühl)						Nüchterne Gefühllosigkeit
Mißtrauen (leicht enttäuscht)						Vertrauen (geringer Argwohn)
Pragmatischer Realismus						Primitive Ich-Bezogenheit
Nüchternheit/Korrektheit/ Gewitztheit						Verträumtheit/Naivität
Ängstlichkeit (allgemein oder aus Schuldgefühlen)						Geringe Angst (nicht zu Schuldgefühlen und Skrupeln neigend)
Radikalismus						Konservatismus
Selbstgenügsamkeit (auf sich gestellt, auch: Einzelgängertum)						Auf Menschen ausgerichtet (sich den Menschen anschließend)
Selbstdisziplin (Willenskontrolle)						Geringe Selbstdisziplin (impulsiv, ungesteuert)
Nervöse bzw. Triebspannung						Geringe nervöse bzw. Triebspannung

Die für die genannten Beispiele geltenden Persönlichkeitsfaktoren umfassen bereits die gesamte Persönlichkeit. Darin sind alle Möglichkeiten, alle Persönlichkeitsdimensionen enthalten. Der Unterschied von Persönlichkeit zu Persönlichkeit besteht lediglich im Ausprägungsgrad. Daher wird auch für alle anderen Führungskräfte das gleiche Persönlichkeitsmodell angewandt. Daß dies richtig ist, beruht nicht nur auf der Theorie der »Psychologie der Persönlichkeit«. Es wird auch in der Praxis des Autors als ein empirisch gesichertes Modell seit Jahren angewandt.

Bei den vorgestellten Persönlichkeitsprofilen geht der Verfasser weder von gelegentlich überhöhten noch von unterforderten Stellen sondern vom durchschnittlichen Anspruchsniveau aus. So stellen denn auch die gezeichneten Persönlichkeitsprofile nicht den »Überflieger« oder den streßgeplagten »Überforderten«, sondern die Persönlichkeitsmerkmale normal bewährter Stelleninhaber dar.

Checkliste Persönlichkeitsfaktoren

Die 16 Persönlichkeitsfaktoren sind nun durch Fragen näher einzugrenzen. Bei den folgenden Erläuterungen wurde jeweils der positive Begriff gewählt. (Energie, Tatkraft steht für die Pole »zufriedene Heiterkeit – Neigung zu Depressionen«, aktives Kontaktstreben für »Unbekümmertheit – Forschheit«, Unkonventionalismus für »pragmatischer Realismus – primitive Ich-Bezogenheit«.)

Kommt er offen und ungeniert auf Sie zu? Ist er unkompliziert und auf angenehme Weise direkt? Geht er auf den Menschen zu? Neigt er zur Geselligkeit? – Oder ist er eher reserviert und kühl? Kann man von ihm sagen: Er will Kontakt, er freut sich über Geselligkeit, oder schließt er sich lieber ab? Ist er »zwischendrin« – aber in der Begegnung oder in der Gruppe der »Macher«? – Oder ist er Mitläufer oder der Außenseiter in der Gruppe?
Fragen Sie nach Lebensgewohnheiten, Vorlieben, private Beschäftigungen. Wo sucht jemand Geselligkeit und welche Rolle spielt er dort? Hat er vielleicht ein Amt inne? usw.

Kontaktfreudigkeit

Wie »stimmig« sind seine geäußerten Gedanken? Wie ist die Auffassungsgabe, die geistige Wendigkeit in neuen Situationen? Zeigt er Einsicht, Erkenntnis – oder stellt er z.B. die Ereignisse seines Lebens schief dar? Stellen Sie verzögerte oder erschwerte Auffassung fest? Kann er Probleme lösen

Intelligenz

– oder geht er Problemsituationen eher wenig flexibel an? Intelligenz ist im Bereich des erworbenen Wissens (Schule, Beruf, Fachliches) weniger gut festzustellen.

Ob das Wissen mit lebendiger Intelligenz aufgeschnappt oder mit dem Nürnberger Trichter eingetrichtert wurde, kann man nicht ohne Weiteres erkennen. Besser ist es, wenn man sich durch das Leben des Bewerbers hindurchfragt und auf Randgebiete ausweicht. Je mehr er zu außerberuflichen Dingen Stellung nimmt, desto deutlicher werden z.B. oberflächliches oder sorgfältiges, ungenaues oder systematisches Denken sichtbar usw.

Emotionale Stabilität

Ist er stark oder schwach vom Gefühl abhängig? Werden Gefühle beherrscht und rational verarbeitet – oder neigt er eher zu spontanen Gefühlsäußerungen bzw. fallweise zu Gemütsschwankungen? Wie steht er der Wirklichkeit gegenüber? Beruht sein Verhalten auf Realismus? Liegt Beständigkeit und Reife in seinem Wesen – oder das Gegenteil?

Emotionale Stabilität will sagen, ob ein Mensch in sich ruht und nur schwer aus dieser Ruhe zu bringen ist. Das gibt stabile Verhaltensweisen. Getragen wird die emotionale Stabilität von der Ich-Stärke. – Der Ich-Schwache wird (wenn er nicht gerade dumm-dreist ist) emotional immer anfällig und labil sein.

Dominanz

Ist er bestimmt in seinem Verhalten? »Steht er seinen Mann«? Besitzt er Selbstbehauptung? Wenn er einem anderen gegenüber steht, zeigt er dann Konkurrenzverhalten und Durchsetzung – oder ist er eher anpassungsfähig, ein- und unterordnungsbereit? Wie sehr dominiert er also?

Dominanz kann man nur eine kurze Weile »spielen«. Sobald der Interviewer in die Chefrolle geht, bricht die gespielte Dominanz zusammen und aus Haltung und Sprache sind Unterordnung, ja Unterwürfigkeit erkennbar. Fragen Sie insbesondere nach allen Paar- u. Gruppenverhältnissen, in denen er sich bewegt – und welche Rolle er dort spielt.

Energie, Tatkraft

Froh und heiter, unbekümmert und überschwenglich, dabei tüchtig – und wenn es darauf ankommt, auch diszipliniert, das zeugt von einer sehr starken Energie und Tatkraft. Oder ist der Bewerber eine kleine Maus, die sich nicht aus dem Loch traut? Ein beschwingter, optimistischer Mensch »greift« nach den Menschen und Dingen seiner Umwelt oder zögert nicht. Wie stark ist die Einsatzbereitschaft? Erscheint er Ihnen dynamisch? Oder ernst, wenig locker, eher ausdauernd?

Ein gesetztes, ernstes Wesen, auch wenn mit Freundlichkeit gepaart, deutet meist auf schwache bis sehr schwache Ausprägung dieses Faktors. Zur Erscheinung und zur Wirkung, die oft schon eine deutliche Sprache sprechen, können Fragen in Richtung folgender Gebiete kommen: Lieblingsbeschäftigungen, Art der Lektüre, der bevorzugten Fernseh- oder Rundfunksendungen und -Künstler oder die Frage nach dem »schönsten« Erlebnis und anschließend dem »schlimmsten« . . .

Zieht sich durch seinen beruflichen und menschlichen Werdegang das, was man »Verläßlichkeit« nennt? Ist er gewissenhaft, verantwortungsbewußt? Erfüllt er seine Pflicht? Er könnte beständig, nach außen orientiert, offen und sozial angepaßt sein (= meist hohe Verläßlichkeit). Oder: situationsbezogen, nicht immer prinzipientreu, impulsiv (= meist geringe Verläßlichkeit).

Verläßlichkeit

Man suche nach Zeichen der Verantwortungsbereitschaft, nach situativen Schilderungen, in denen sich sein Verantwortungsbewußtsein gezeigt hat.

Dabei wird sich ggf. auch das Gegenteil herausstellen. Es ist für das Interview vorteilhaft und das Studium des Individuums nur fair, wenn sich der Interviewer hier als »Sittenrichter« zurückhält. Die beiden Pole nämlich, zwischen denen der einzelne seinen typischen Standort gefunden hat, sind: »pedantische Gewissenhaftigkeit« auf der einen und „spontanes, leichtfertiges Handeln" auf der anderen Seite. Will man bzw. braucht man eine gewisse Spontaneität, so darf man es bei der Einstellung mit der »Gewissenhaftigkeit« bzw. »Verläßlichkeit« nicht übertreiben.

(Weniger »Verläßlichkeit« heißt nicht »weniger gut«, »weniger brauchbar« oder »schlecht«. Ein »pedantisch verläßlicher« Verkaufsleiter wäre ein schlechter Verkaufsleiter, ein »unbeständig leichtfertiger« Buchhalter ein schlechter Buchhalter . . .)

»Soziale Initiative« ist eine eher selten vorkommende Eigenschaft einer Person. Wir wünschen sie und wir brauchen sie überall: in der Gemeinde, in Gremien, in der Elternversammlung, im Verein, im Gemeinderat, ja bei einer Party. Die meisten sind abwartend und zurückhaltend – warten auf den »Kontaktstarken«.

Aktives
Kontaktstreben

Kontaktstreben ist nicht das gleiche wie Kontakt*freudigkeit*. »Wer zu anderen strebt«, ist in diesem Sinne einer, dessen Selbstgefühl in Ordnung ist, der im Gefühl der eigenen Wirkungsmacht ist, der das Gefühl des eigenen Wertes hat. Er »weiß, was er will«. – Ist das Kontaktstreben aktiv und stark, so kann der Betreffende nicht nur auf andere zugehen und sich in die Gruppe integrieren; *er* spricht, er hält den Informationsfluß in Gang, er bestimmt, »wo es lang geht«. — Schwaches oder sehr schwaches Kontaktstreben liegt demnach am anderen Pol.

Diese Gabe ist — wie vieles andere — unterschiedlich verteilt. Hohe, mittelmäßige oder niedrige Feinfühligkeit kann je nach Situation zum Vorteil oder Nachteil sein! — Wie ist der Bewerber: sensibel, verletzbar, ein »Feingeist«? Dann wird er z.B. keine starke Verkäuferpersönlichkeit sein. Ist er sensibel, im Nehmen aber standhaft, das könnte gehen. Seine Sensibilität ist dann nicht identisch mit Verletzbarkeit. Besser wäre geringe Feinfühligkeit: Er ist dann in der Kontakt- und Kommunikationsfähigkeit gelegentlich etwas eingeschränkt, wenn es um »sensibles« Mitempfinden geht, — er ist jedoch bei Interventionen oder in Situationen starker Exponiertheit resistent, d.h. widerstandsfähig.
Der Traum vieler wäre: in höchstem Maße sensibel für die Wahrnehmung, aber »unsensibel und robust« für die Reaktion; nur das gibt es so gut wie nicht . . .
Fragen Sie nach allem, was mit Sensibilität — oder dem Gegenteil, Robustheit und Dickfelligkeit zu tun hat.

Feinfühligkeit

»Vertrauen ist gut, Kontrolle ist besser«, heißt ein Ausspruch. Wie soll in dieser Beziehung Ihr Mitarbeiter denken und handeln? Soll er hohes Mißtrauen besitzen? Das hieße, unsicher, zögernd, leicht enttäuscht, vielleicht intolerant sein, auch argwöhnisch und feindselig. Besser wäre lebenspraktische Orientierung, Verständnis und normales Vertrauen (= mittlere Ausprägung). Die niedrige Ausprägung von Mißtrauen und Argwohn hieße: Verständnis, Vertrauen, Gutgläubigkeit und Spontaneität. Wie halten Sie es mit Ihren Mitarbeitern?
Es ist für das zwischenmenschliche Klima von großem Vorteil, wenn z.B. ein Verkäufer (scheinbar grenzenloses) Vertrauen zeigt. Das kann unter Umständen Berge versetzen. Andererseits sollte er eine »Sicherung« eingebaut haben für berechtigtes Mißtrauen, eine Fähigkeit, die mehr im Intellekt, in der Wahrnehmung, Beobachtung und Erfahrung begründet ist — nicht im »angeborenen« Mißtrauen.

Mißtrauen, Argwohn

Ist er eher ein konventioneller oder eher ein unkonventioneller Mensch? Ist er angepaßt, förmlich — oder eher frei? Sieht und erlebt er die Dinge so, wie das seinen eigenen Wünschen entspricht? (Dann wäre er wahrscheinlich unkonventionell). Ist der Unkonventionalismus hoch, dann ist

Unkonventionalismus

die Neigung, Herkömmliches und Allgemeingültiges abzulegen, stark. Das kann ein Zeichen für Originalität, für
schöpferische Lösungen sein, aber auch für das Bedürfnis
auszubrechen. Aber auch das Gegenteil kommt vor. Wie
soll Ihr Mitarbeiter sein?
Konventionelle, altbewährte Regeln der Höflichkeit und
des Umganges miteinander beherrschend, keine »supermo-
derne«, wirklichkeitsfremde sondern eine realitätsbezogene
Einstellung wäre wohl in vielen Positionen richtig.

Damit soll eine Aussage über den Grad der Bindung des Bewerbers an die Realität gemacht werden. Die größte Kunst besteht wohl darin, bei der Wahrheit zu bleiben, im Umgang überlegen zu sein und auf dieser Grundlage andere zu beeinflussen. Ist der Bewerber klug und gewitzt – oder eher »tüchtig« oder »plump«? Die starke Ausprägung dieses Merkmals zeigt sich in klarer Situations- und Realitätsgebundenheit, auch in gesunder Selbstkritik. Die schwache Ausprägung zeigt sich u.a. darin, daß der Bewerber gelegentlich die Realität verläßt, falsch taktiert, nicht immer gradlinig ist, usw.	*Korrektheit, Nüchternheit*

Die smarte, anspruchsvolle Lebenshaltung, gekoppelt mit
strikter Willenskontrolle macht überlegen. – Am anderen
Pol steht der naive, im Kontakt ungeschickte, in der Situa-
tionsbeherrschung ungeübte, ja primitive Mensch, vielleicht
spontan und natürlich und in seiner kindlichen Naivität sogar liebenswert.

»Jeder Mensch hat Angst« – aber wieviel Angst hat der Bewerber? Allgemein und z.B. infolge von Schuldgefühlen? Wer viel Angst hat, befaßt sich z.B. mit der Verteidigung der eigenen Person, ist frustrationsanfällig und besitzt meist eine geringe Entscheidungsfähigkeit.	*Ängstlichkeit*

Angst geht oft mit Schuldgefühlen einher, mit bewußten
oder unbewußten Selbstvorwürfen und Skrupeln. Den wenig Ängstlichen erkennt man meist daran, daß er diese Gefühle nicht kennt. – Fragen Sie, ob sich der Bewerber für
ängstlich oder weniger ängstlich hält, wann er schon mal –
oder wie oft – Angst empfindet, bei welchen Gelegenheiten
dies der Fall ist und ob er gelegentlich »aus Angst« schon
falsche Entscheidungen getroffen hat.

Stören Sie sich nicht an dem Wort. Gemeint ist zwar auch politisch-weltanschaulicher Radikalismus bzw. – bei sehr schwacher Ausprägung – das Gegenteil, nämlich konservative Einstellung. Im besonderen geht es um den Grad der Anpassung an allgemeingültige Verhaltensregeln bzw. das	*Radikalismus*

Gegenteil: die Neigung zu Totallösungen, zum Ausbrechen aus der Norm. Ist der Bewerber eher ein sich Einfügender bzw. sich Unterordnender – oder eher einer, der sich selbst Normen setzt?
Aggressivität geht fast immer mit Radikalismus einher. Progressivität ist, wenn merklich ausgeprägt, mit Intoleranz verbunden. Den wenig veränderungsfreudigen und konservativen Menschen hält man hingegen für einen Spießer ...
Fragen Sie nach aktuellen politischen, gesellschaftlichen, religiösen oder sonstigen die Einstellung eines Menschen berührenden Entwicklungen und es wird sich zeigen, wie sehr oder wie wenig »radikal« einer ist.

Es geht um das Maß an Selbständigkeit; eigentlich Selbst-Genügsamkeit, Auf-sich-Gestelltsein bis hin zum Einzelgängertum (bei sehr starker Ausprägung). Gegenteil: sich den Menschen anschließend. In der Mitte liegt die flexible Anpassung an wechselnde Situationen. – Was trifft für den Bewerber zu?
Fragen nach dem gesamten Lebensbereich eines Bewerbers sind geeignet, die Antwort darauf zu geben, ob er eigenständig handelt oder das tut, was »die anderen auch tun«. – Wie haben Sie sich seinerzeit zu der Entscheidung durchgerungen (. . . das Haus zu bauen, die Stelle zu wechseln, den »zweiten Bildungsweg« aufzunehmen usw.)? Wen haben Sie gefragt? Wer oder was gab den Ausschlag, usw.

Eigenständigkeit

Niedrige Werte bei der Selbstdisziplin können ein Hemmschuh bei der Überwindung von persönlichen Schwierigkeiten sein. Ein hohes Maß an Selbstdisziplin bedeutet u.a. Stehvermögen, Launen und Stimmungen werden abgefangen, Widrigkeiten wird begegnet, eigene Bedürfnisse werden hintenangestellt. Forschen Sie dieses Merkmal insbesondere bei Situationsschilderungen aus!
Wie gut man sich in der Hand hat oder wie schnell man bei Schwierigkeiten aus der Haut fährt, kann entscheidend sein. Schwache Selbstkontrolle, sich gehen lassen, Vergnügen am Ausbrechen haben, Launen und Stimmungen nachgeben, sind Eigenschaften, die man in den meisten Stellen nicht haben darf.

Selbstdisziplin,
Selbstkontrolle

Nervosität, aber auch Triebspannung; hohe nervöse Spannung zeigt sich in Ungeduld, fallweise in physiologischen Begleiterscheinungen, z.B. Schweißausbruch, rot werden, hektische Bewegungen. Wer eine geringe nervöse Spannung hat, zeigt auch in Streß-Situationen kaum vegetative Erscheinungen. – Bei guter Beobachtung kann gerade im Be-

Nervöse Spannung

werbungsgespräch Art und Ausmaß nervöser Spannungen festgestellt werden.

Schnell erregbare Gefühlszustände sind nicht günstig in vielen Positionen. Auch affektive Erregungen darf man sich meist nicht leisten. – Provozieren Sie ruhig einmal den Bewerber. Ist er eine schwer reizbare Persönlichkeit, so wird er ganz ruhig bleiben . . .

IX. Praktische Beispiele

Aus einer Reihe von acht wegen hervorragender Zeugnisse in die engere Wahl genommenen Bewerbern sollten zwei das Rennen machen, der eine als Geschäftsführernachwuchs Verkauf, der andere in gleicher Position mit Schwerpunkt Administration. Assessment und Test ergaben die jeweils nebenstehenden Profile, die im Textteil erläutert werden. Der Einfachheit halber und um einen schnelleren Überblick zu gewinnen, wurde ein unipolares Modell gewählt.

Beispiel Geschäftsführer-Nachwuchs

Peter Markwitz

Der Kandidat erreicht einen hohen Wert im Bereich der sprachlichen und praktischen Intelligenz und ist dadurch als Problemlöser akzeptabel. Die Verläßlichkeit ist außerordentlich hoch, was auf Beständigkeit schließen läßt. Für eine Führungskraft ist das aktive Kontaktstreben etwas gering; die etwas erhöhte Kontakt*freudigkeit* ist keine Kompensation dafür. Der Proband wird unter Mitarbeitern manchmal die Gelegenheit versäumen, Informationen zu pflegen und Kontakte herzustellen. Das Mißtrauen liegt unter dem Durchschnitt, ein Beweis der Öffnung gegenüber Mitmenschen. Ein leichterhöhter Unkonventionalismus zeigt die Neigung zu schöpferischen und neuen Lösungen und ist ein Indiz für Originalität. Die Ängstlichkeit liegt deutlich unter dem Durchschnitt, was für Führungskräfte eine wichtige Eigenschaft darstellt. Damit wird sie frei für Entscheidungen und behält einen offenen Blick für Sachfragen und sorgt sich nicht so sehr um den Status der eigenen Person. Die Selbständigkeit liegt über dem Durchschnitt und unterstreicht das autonome Verhalten. Äußerst gering sind die nervösen Spannungen, was bei einer Führerrolle ebenfalls besonders von Vorteil ist.

Peter Markwitz

Tabelle der Persönlichkeitsfaktoren[11)]

	sehr stark/ sehr gut	gut/ stark	mittel	schlecht/ schwach	sehr schlecht/ sehr schwach
Kontaktfreudigkeit	□	◨	◧	□	□
Intelligenz	◧	◨	□	□	□
emotionale Stabilität	□	□	■	□	□
Dominanz	□	◨	◧	□	□
Energie, Tatkraft	□	□	■	□	□
Verläßlichkeit	■	□	□	□	□
aktives Kontaktstreben	□	□	■	□	□
Feinfühligkeit	□	□	■	□	□
Mißtrauen, Argwohn	□	□	□	■	□
Unkonventionalismus	□	◨	◧	□	□
Korrektheit, Nüchternheit	□	□	■	□	□
Ängstlichkeit	□	□	□	■	□
Radikalismus	□	□	◨	◧	□
Selbständigkeit	□	■	□	□	□
Selbstdisziplin	□	□	◨	◧	□
nervöse Spannung	□	□	□	◨	◧

143

fällt durch hohes Dominanzstreben, durch hohe Verläßlichkeit und durch starke Tatkraft auf. Die Eigenschaften lassen ihn als dynamischen und beständigen Menschen erscheinen, der einmal gefaßte Ziele mit Beständigkeit und Ausdauer verfolgt. Die deutlich erhöhte praktische und verbale Intelligenz stellt einen wichtigen Faktor eines Leistungsführers dar, der komplexe Probleme und auch etwas unstrukturierte Aufgaben schnell erfaßt und bemerkenswerte Lösungen entwickelt. Die Feinfühligkeit liegt stark unter dem Durchschnitt (wodurch der Proband in seiner Kontakt- und Kommunikationsfähigkeit etwas eingeengt ist). Die soziale Sensibilität erscheint etwas eingeschränkt. Dagegen kommt ihm dieser eher gering entwickelte Faktor bei der Resistenz gegen Interventionen oder in Situationen starker Exponiertheit sehr zugute. (Was ist in der betreffenden Position wichtiger?!)

Der Faktor »Nüchternheit« und »Korrektheit« ist etwas erhöht und zeugt von einer Situations- und Realitätsgebundenheit. Die Faktoren »aktives Kontaktstreben« und »Ängstlichkeit« liegen im Normalbereich. Einmal müßte das Kontaktstreben etwas erhöht, die Ängstlichkeit etwas abgeschwächt sein. Unter aktivem Kontaktstreben versteht man die Fähigkeit, den Kontakt zu anderen Menschen aktiv zu gestalten und sich nicht passiv einem Kontakt auszusetzen. Die Selbstdisziplin ist für eine Führungskraft ebenfalls etwas niedrig. Dieser Faktor mißt, wieweit man in der Lage ist, Widrigkeiten zu begegnen, Launen und Stimmungen abzufangen und eigene Bedürfnisse hintenanzustellen. Die äußerst geringen nervösen Spannungen machen den Kandidaten vor allem für jene Aufgaben geeignet, die krisenhaften Charakter haben.

Rolf-Christian Wagner

Tabelle der Persönlichkeitsfaktoren

	sehr stark/ sehr gut	gut/ stark	mittel	schlecht/ schwach	sehr schlecht/ sehr schwach
Kontaktfreudigkeit	□	□	■	□	□
Intelligenz	◨	◨	□	□	□
emotionale Stabilität	□	◨	◨	□	□
Dominanz	■	□	□	□	□
Energie, Tatkraft	□	■	□	□	□
Verläßlichkeit	■	□	□	□	□
aktives Kontaktstreben	□	□	■	□	□
Feinfühligkeit	□	□	□	◨	◨
Mißtrauen, Argwohn	□	□	■	□	□
Unkonventionalismus	□	□	◨	◨	□
Korrektheit, Nüchternheit	□	◨	◨	□	□
Ängstlichkeit	□	□	■	□	□
Radikalismus	□	□	■	□	□
Selbständigkeit	□	□	■	□	□
Selbstdisziplin	□	□	◨	◨	□
nervöse Spannung	□	□	□	□	■

erreicht nur einen geringen Intelligenzwert (praktisches Denken und sprachliche Ausdrucksweise). Mag sein, daß die Testperson unter dem Zeitdruck die gestellten Fragen nicht ganz entschlüsseln konnte. Die theoretische Intelligenz dürfte höher liegen. Auffallend ist die Erhöhung in den Faktoren »emotionale Stabilität«, »Dominanz« und »Energie und Tatkraft«. Damit läßt sich Zielstrebigkeit, Leistungsbezogenheit und Beherrschtheit ableiten. Etwas erhöht sind auch Verläßlichkeit und aktives Kontaktstreben. Die Feinfühligkeit liegt im Normalbereich und läßt damit die Testperson zu sensibel erscheinen. Das Mißtrauen ist gering, so daß es nicht überrascht, daß auch die Ängstlichkeit deutlich unter dem Durchschnitt liegt. Die geringe Ängstlichkeit ist ebenfalls ein wichtiges Indiz für ein gutes Führungsprofil. Der Radikalismus ist etwas erhöht und unterstreicht, daß der Proband bei manchen Entscheidungssituationen zu wenig auf Konsens achten wird. Eine gewisse Vorliebe für Totallösungen läßt sich daraus ableiten. Die Selbständigkeit liegt deutlich unter dem Durchschnitt, was die stärkere Orientierung an der Gruppe bedeutet.

Tabelle der Persönlichkeitsfaktoren

	sehr stark/sehr gut	gut/stark	mittel	schlecht/schwach	sehr schlecht/sehr schwach
Kontaktfreudigkeit	☐	◨	◧	☐	☐
Intelligenz	☐	☐	☐	■	☐
emotionale Stabilität	☐	■	☐	☐	☐
Dominanz	◨	◧	☐	☐	☐
Energie, Tatkraft	☐	■	☐	☐	☐
Verläßlichkeit	☐	◨	◧	☐	☐
aktives Kontaktstreben	☐	◨	◧	☐	☐
Feinfühligkeit	☐	☐	■	☐	☐
Mißtrauen, Argwohn	☐	☐	☐	■	☐
Unkonventionalismus	☐	☐	■	☐	☐
Korrektheit, Nüchternheit	☐	☐	■	☐	☐
Ängstlichkeit	☐	☐	☐	■	☐
Radikalismus	☐	◨	◧	☐	☐
Selbständigkeit	☐	☐	☐	■	☐
Selbstdisziplin	☐	☐	■	☐	☐
nervöse Spannung	☐	☐	■	☐	☐

Andrés Grabner

erbringt im Cattelltest einen normalen Intelligenzwert. Die Kontaktfreudigkeit ist etwas erhöht, was auf eine Neigung zur Geselligkeit schließen läßt. Die emotionale Stabilität ist ebenfalls etwas erhöht, Gefühle werden im allgemeinen beherrscht und rational verarbeitet. Die Dominanz ist stark: die Einflußnahme auf andere Personen, ein gewisses Konkurrenzverhalten und die Neigung zu Aktivitäten im zwischenmenschlichen Bereich sind daher zu erwarten. Erhöht ist auch die Verläßlichkeit, wodurch konstantes Verhalten und eine Anerkennung in der Gruppe gegeben ist. Das aktive Kontaktstreben ist erhöht, ein Umstand, der der Testperson als Führungskraft zugute kommt.

Die Feinfühligkeit ist deutlich, Mißtrauen und Argwohn leicht erhöht! Andrés Grabner ist demnach gefühlsbetont und sensibel und eher auf sich selbst bezogen. Der Radikalismus liegt deutlich unter dem Durchschnitt: seine Toleranz und seine Offenheit zeichnen ihn aus und machen ihn auch verständnisvoll für Ereignisse im zwischenmenschlichen Bereich. Sehr hoch liegen die nervösen Spannungen, ein Beweis dafür, daß die Testperson eher ungeduldig und fallweise vegetativ belastet erscheint.

Andrès Grabner

Tabelle der Persönlichkeitsfaktoren

	sehr stark/ sehr gut	gut/ stark	mittel	schlecht/ schwach	sehr schlecht/ sehr schwach
Kontaktfreudigkeit	☐	◧	◧	☐	☐
Intelligenz	☐	☐	■	☐	☐
emotionale Stabilität	☐	◧	◧	☐	☐
Dominanz	☐	■	☐	☐	☐
Energie, Tatkraft	☐	◧	◧	☐	☐
Verläßlichkeit	☐	■	☐	☐	☐
aktives Kontaktstreben	☐	◧	◧	☐	☐
Feinfühligkeit	☐	■	☐	☐	☐
Mißtrauen, Argwohn	☐	◧	◧	☐	☐
Unkonventionalismus	☐	☐	◧	◧	☐
Korrektheit, Nüchternheit	☐	☐	■	☐	☐
Ängstlichkeit	☐	☐	☐	■	☐
Radikalismus	☐	☐	☐	■	☐
Selbständigkeit	☐	☐	■	☐	☐
Selbstdisziplin	☐	☐	◧	◧	☐
nervöse Spannung	◧	◧	☐	☐	☐

Klaus-Dieter Krüger

Der Proband fällt durch hohe Werte in der Dominanz, in der Tatkraft und im Radikalismus auf. Diese Struktur zeigt Dynamik, Ehrgeiz und Ungeduld an, Faktoren, die für eine Leitungsfunktion von Bedeutung sein können. Die sprachliche und praktische Intelligenz sind sehr gut entwickelt und ein Beleg für geistige Wendigkeit in neuen Situationen. Der Faktor »Verläßlichkeit« liegt etwas unter dem Durchschnitt, was bedeutet, daß die Testperson manchmal situationsbezogen und nicht immer prinzipientreu agiert. Das aktive Kontaktstreben liegt im Normalbereich; für Führungskräfte ein etwas zu geringer Wert. Der Unkonventionalismus ist etwas erhöht und macht damit den Weg zu einem etwas kreativeren Verhalten frei. (Unkonventionalismus ist meistens auch ein Indiz für autonomes Verhalten.)

Klaus-Dieter Krüger

Tabelle der Persönlichkeitsfaktoren

	sehr stark/ sehr gut	gut/ stark	mittel	schlecht/ schwach	sehr schlecht/ sehr schwach
Kontaktfreudigkeit	☐	☐	■	☐	☐
Intelligenz	◧	◧	☐	☐	☐
emotionale Stabilität	☐	☐	■	☐	☐
Dominanz	■	☐	☐	☐	☐
Energie, Tatkraft	☐	■	☐	☐	☐
Verläßlichkeit	☐	☐	◧	◧	☐
aktives Kontaktstreben	☐	☐	■	☐	☐
Feinfühligkeit	☐	☐	■	☐	☐
Mißtrauen, Argwohn	☐	☐	■	☐	☐
Unkonventionalismus	☐	◧	◧	☐	☐
Korrektheit, Nüchternheit	☐	☐	■	☐	☐
Ängstlichkeit	☐	☐	■	☐	☐
Radikalismus	◧	◧	☐	☐	☐
Selbständigkeit	☐	☐	■	☐	☐
Selbstdisziplin	☐	☐	◧	◧	☐
nervöse Spannung	☐	◧	◧	☐	☐

Hubert Großer

Die Testperson zeigt deutlich erhöhte Intelligenz. Erhöht ist auch die Kontaktfreudigkeit. Die emotionale Stabilität liegt im Mittelwertsbereich. Gefühle werden beherrscht, aber auch gezeigt. Die Dominanz ist außerordentlich hoch, was auf Durchsetzungsvermögen und Konkkurrenzverhalten schließen läßt. Die Verläßlichkeit ist etwas erhöht, eine gewisse Normenkonformität (geringer Unkonventionalismus) und belastbare soziale Beziehungen werden damit unterstrichen. Das aktive Kontaktstreben liegt im Mittelwertsbereich, eine Wertung, die für Führungskräfte fast zu gering erscheint. Deutlich erhöht ist die Ängstlichkeit! Das ist meist ein Indiz für geringere Eignungsfähigkeit für Führungsaufgaben. Der Radikalismus ist gering und beweist, daß die Testperson Toleranz walten läßt und Meinungen und Ansehen nicht polarisiert betrachtet. Die Selbstdisziplin ist äußerst schwach, so daß z.B. Konfrontationen mit unangenehmen Ereignissen gemieden werden. Die Selbstorganisation und die damit in Zusammenhang stehende Beständigkeit sind für eine Führungskraft zu gering.

Tabelle der Persönlichkeitsfaktoren

	sehr stark/ sehr gut	gut/ stark	mittel	schlecht/ schwach	sehr schlecht/ sehr schwach
Kontaktfreudigkeit	☐	■	☐	☐	☐
Intelligenz	◧	◧	☐	☐	☐
emotionale Stabilität	☐	☐	■	☐	☐
Dominanz	■	☐	☐	☐	☐
Energie, Tatkraft	☐	☐	■	☐	☐
Verläßlichkeit	☐	◧	◧	☐	☐
aktives Kontaktstreben	☐	☐	■	☐	☐
Feinfühligkeit	☐	◧	◧	☐	☐
Mißtrauen, Argwohn	☐	☐	■	☐	☐
Unkonventionalismus	☐	☐	◧	◧	☐
Korrektheit, Nüchternheit	☐	◧	◧	☐	☐
Ängstlichkeit	☐	■	☐	☐	☐
Radikalismus	☐	☐	◧	◧	☐
Selbständigkeit	☐	☐	■	☐	☐
Selbstdisziplin	☐	☐	☐	◧	◧
nervöse Spannung	☐	☐	◧	■	☐

153

Wilhelm Dörfner

Der Bewerber fällt in seiner Persönlichkeitsstruktur durch hohe Verläßlichkeit und geringe Selbständigkeit auf. Er ist daher in erster Linie außenorientiert und sozial angepaßt. Die emotionale Stabilität ist schwach, so daß anzunehmen ist, daß die Gefühle des Probanden manchmal die Oberhand gewinnen. Die Dominanz ist etwas erhöht, die Tatkraft deutlich gesteigert. Diese beiden Faktoren weisen auf Einsatzbereitschaft und Konkurrenzverhalten hin. Das aktive Kontaktstreben ist etwas erhöht. Die Selbständigkeit ist aber auffällig gering und läßt eine hohe Autoritätsabhängigkeit vermuten. Die Selbstdisziplin ist ebenfalls schwach und wird bei der Überwindung von persönlichen Schwierigkeiten ein Hemmschuh sein. Ein psychisch etwas labiler und gegenüber Autoritäten abhängiger Mensch.

Wilhelm Dörfner

Tabelle der Persönlichkeitsfaktoren

	sehr stark/ sehr gut	gut/ stark	mittel	schlecht/ schwach	sehr schlecht/ sehr schwach
Kontaktfreudigkeit	☐	☐	■	☐	☐
Intelligenz	☐	☐	■	☐	☐
emotionale Stabilität	☐	☐	◨	◧	☐
Dominanz	☐	◨	◧	☐	☐
Energie, Tatkraft	☐	■	☐	☐	☐
Verläßlichkeit	◧	◧	☐	☐	☐
aktives Kontaktstreben	☐	◨	◧	☐	☐
Feinfühligkeit	☐	☐	■	☐	☐
Mißtrauen, Argwohn	☐	☐	■	☐	☐
Unkonventionalismus	☐	☐	■	☐	☐
Korrektheit, Nüchternheit	☐	◨	◧	☐	☐
Ängstlichkeit	☐	☐	■	☐	☐
Radikalismus	☐	☐	☐	■	☐
Selbständigkeit	☐	☐	☐	☐	■
Selbstdisziplin	☐	☐	☐	■	☐
nervöse Spannung	☐	◨	◧	☐	☐

erreicht in der praktischen und sprachlichen Intelligenz eine sehr hohe Wertung. Die Kontaktfreudigkeit ist gering, wodurch er reserviert und kühl erscheint. Die emotionale Stabilität liegt etwas unter dem Durchschnitt; Gemütsschwankungen werden sich fallweise bemerkbar machen. Die Tatkraft ist äußerst gering, was hier soviel heißt wie zurückhaltend, schweigsam und ernst. Das aktive Kontaktstreben ist äußerst schwach, wodurch ein starkes Manko für Führungsaufgaben ersichtlich wird. Die Feinfühligkeit ist hingegen ausserordentlich hoch, Zeichen für »gute Antennen«, aber im Zusammenhang mit dem sehr starken Unkonventionalismus wird die Testperson wohl phantasievoll und kreativ, aber gleichzeitig sensibel und verletzbar. Die Ängstlichkeit ist stark ausgeprägt und geht Hand in Hand mit dem Faktor »nervöse Spannungen«: Der Bewerber ist frustrationsanfällig, gespannt und zeitweise depressiv. Er fühlt sich fallweise bedroht und in seiner Existenz gefährdet. Die Selbstdisziplin liegt stark unter dem Durchschnitt, der Bewerber ist unbeständig und nicht immer konsequent. Der Proband mag aufgrund seiner Eigenständigkeit und Kreativität zu außergewöhnlichen Leistungen befähigt sein. Als Experte oder Mitarbeiter eines kleinen Teams mag er entsprechen. Für Aufgaben im Führungsbereich kann er nicht empfohlen werden.

Rainer Moser

Tabelle der Persönlichkeitsfaktoren

	sehr stark/sehr gut	gut/stark	mittel	schlecht/schwach	sehr schlecht/sehr schwach
Kontaktfreudigkeit				■	
Intelligenz	◧	◧			
emotionale Stabilität			◧	◧	
Dominanz			■		
Energie, Tatkraft					■
Verläßlichkeit			◧	◧	
aktives Kontaktstreben					■
Feinfühligkeit	◧	◧			
Mißtrauen, Argwohn			■		
Unkonventionalismus	◧	◧			
Korrektheit, Nüchternheit			■		
Ängstlichkeit		■			
Radikalismus			■		
Selbständigkeit		◧	◧		
Selbstdisziplin				◧	◧
nervöse Spannung	■				

157

Bei dieser (normalen!) Auswahl zeigt sich die ganze Crux der Auswahl für Führungspositionen, für Führungsnachwuchspositionen und die Arbeit derjenigen Personen, deren Urteil am Ende »ja« oder »nein« lauten muß.

So läuft manches Profil »negativ« an, wird dann immer stärker und bringt insgesamt eine vage Annäherung an das Anforderungsprofil. (Wie bei Wilhelm Dörfner, der schließlich Assistent des Geschäftsführers Administration wurde.) Andere »beginnen« gut (wie Andrés Grabner, der ausschied) und scheitern an den beiden letzten Faktoren.

Peter Markwitz wurde Geschäftsführernachwuchs Verkauf und Rolf-Christian Wagner Geschäftsführernachwuchs Administration. Beide sind übrigens heute in den angestrebten Positionen und recht erfolgreich.

Beispiel Leiter Projekt- und Produktmanagement

Ein kunststoffverarbeitender Betrieb, Zulieferer der Automobilindustrie und Hersteller eigener Marken auf dem Gebiet »Dichtungen«, stellt an den Leiter seiner − zugegebenermaßen ungewöhnlich zusammengesetzten − Position »Projekt- und Produktmanagement« eine ganze Reihe von Erwartungen. Sie gehen aus dem Text der Stellenbeschreibungen hervor.

Projektmanagement ist eine anspruchsvolle Aufgabe. Es erfordert neben Fachkenntnissen auf mehreren Gebieten die Eigenschaften eines Managers und Diplomaten. Produktmanagement verlangt neben den Fähigkeiten des Managers diejenigen der »Führerpersönlichkeit«, aber auch Verhaltensstile des »informellen Führers«. Schließlich steckt in dem Aufgabengebiet noch die Teilfunktion »Controlling«. Sie erfordert zum Teil andere Persönlichkeitsmerkmale als die beiden vorgenannten Aufgaben.

Das ist insgesamt eine Machtfülle, wie sie selten auf eine einzige Person übertragen wird. Wie muß der Stelleninhaber beschaffen sein? Welche Ausprägung der sechzehn Persönlichkeitsfaktoren sind erforderlich? In die Stellenbeschreibung sind im rechten Teil jene Stichworte eingetragen, die sich auf die jeweils wichtigste oder die wichtigsten Persönlichkeitseigenschaften beziehen. Aus der Summe dieser »Teilanforderungen« ergibt sich das sich anschließende »optimale Persönlichkeitsprofil«. (Übrigens ein Verfahren, das bei der Besetzung aller wichtigen Führungs- und Fachpositionen angewandt werden sollte.)

Stellenbeschreibung für
Leiter Projekt- und Produktmanagement

I. Ziele der Stelle

Anforderungen:

a) das *Projekt*-Management betreffend:

Die Projekt-Organisation wird zur Durchführung spezieller Projekte geschaffen. (Unter einem Projekt soll im Rahmen dieser Stelle ein zeitlich begrenztes, in der Zielsetzung klar definiertes Problem verstanden werden, das in der Regel einen hohen Verflechtungsgrad zwischen den Teilaufgaben bedingt.)

Intellekt
klare Definitionen
Übersicht

Ziel der Aufgabe ist es u.a., die Transparenz des Projektes zu gewährleisten,
eine bessere Koordination der Abteilungen und Stellen, die am Projekt arbeiten, zu ermöglichen,
allen Betroffenen eine bessere Orientierungsmöglichkeit zu geben,
die Beziehung zu den betroffenen Abnehmern zu verbessern,
die Entwicklungszeiten so kurz wie möglich zu halten,
geringe Programmkosten anzustreben,
hohe Qualität, größere Zuverlässigkeit im Ergebnis zu erreichen,
bessere Kontrolle über den programmäßigen Ablauf zu sichern.

logisch analysierende
Schlußfolgerung

Kontakt und Kooperation

Kommunikation
aktives Kontaktstreben

vielfältiges,
differenziertes
Fachwissen

b) das *Produkt*-Management betreffend

Die Produkt-Management-Organisation ist gedacht als Steuerungsinstrument zwecks besserer Koordinierung aller entsprechenden Betriebsaktivitäten. Es bezieht sich nur auf *neue Produkte.*

Management-by-Techniken

Stehvermögen
Belastbarkeit

159

Generelle Zielsetzung ist:
Für jedes der zu betreuenden Produkte soll ein höchstmöglicher Grad an Marktbedeutung, Umsatz, Marktversorgung, Gewinn- und Kosteneffizienz gesichert werden.

unternehmerisches Denken
Management-Fähigkeiten

Ziel ist auch, in kürzester Zeit ein Angebotsprojekt aus dem Ideenstadium in die Praxis des Marktes zu übertragen.

Kreativität
Initiative

II. Aufgaben

(Bei den Aufgaben wird nicht streng zwischen »Projekt« und »Produkt« unterschieden, da diese in der Regel ineinander übergehen.)

Systematik
Sorgfalt
Anschaulichkeit/
konkretes Denken

Der *Projekt*-Manager sorgt im Rahmen seiner Aufgabe und Gesamtzielsetzung dafür, daß die technische Spezifikation jeweils klar ist,
die Zeiten geprüft und realistisch sind,
die Kosten — je nach Fall — exakt berechnet bzw. geschätzt sind,
die Zuverlässigkeit im Ablauf und in der Ablaufsteuerung gegeben ist,
für die Zuteilung der notwendigen Mittel gesorgt ist,
eine einwandfreie Zusammenarbeit zwischen Projekt-Organisation und Stammorganisation gegeben ist.

Pragmatismus
Zuverlässigkeit

Logik:
begreifen, schließen,
urteilen
Information/
Kommunikation

Projekt- und *Produkt*-Management umfassen bzw. bedingen: alle vom »Projekt« oder »Produkt« determinierten Aufgaben, wie
Analysieren und Konzipieren (z.B. Fixierung der Ziele),
Planen und Festlegen der Prioritäten,
Organisieren,
Führen,
Anleiten,
Kontrollieren (u.a. Analyse und Beurteilung der erzielten Zwischen- und Endergebnisse).

Nüchternheit/Korrektheit
Analyse
Konzeption
Plan
Eingriff in Organisation
und Ablauf
emotionale Stabilität
Mut

»Controlling«
Durchsetzung

Das Koordinieren aller zur Erreichung der Ziele notwendigen betrieblichen und außerbetrieblichen Aktivitäten, — mit dem Ziel, bis hin zur Ergebnisrechnung zu planen und zu überwa-

aktives Kontaktstreben
Unbekümmertheit
Selbstdisziplin

160

chen, um so den Markterfolg und Gewinn sicherzustellen.

» Controlling «
Dominanz

Im Rahmen des Marketingprogramms soll für jederzeitige taktische Anpassung gesorgt sein.

Marketing

Zum *Produkt*-Management gehören auch:

Marktanalyse

- Konzipierung und Durchsetzung der Marketingstrategie in allen Facetten und unter Einsatz aller verfügbaren Marketinginstrumente

Marketing
Systematik
Kooperation

- Ständige Marktbeobachtung und Impulse für die Neu- und Weiterentwicklung der Produktpalette

Initiative

- Pflege unserer traditionellen Marken und aktive Verteidigung der Marktanteile

progressive
Administration

- Aktivierung und Koordination der zentralen Ressourcen unseres Hauses, ebenso Einsatz und Steuerung der mit uns zusammenarbeitenden externen Werbe- und Verkaufsförderungsagenturen

aktives Kontaktstreben
Kooperation auf hohem
Verantwortungsniveau
Intelligenz
Mut

- Die Konzipierung neuer Produkte
- Das Marktreifmachen neuer Produkte

Systematik
Ausdauer/Zähigkeit

- Neue Produkte in den Markt einführen, bei Bedarf modifizieren und erfolgreich etablieren (bis sie in das normale Verkaufsprogramm übergegangen sind).

Energie/Tatkraft
Selbstgenügsamkeit
Verläßlichkeit
Kontaktfreudigkeit

Alle diese Aufgaben sind vom Leiter Projekt- und Produkt-Management in das bestehende unternehmerische Konzept zu integrieren.

Management-by-Objectives

Management-by-Motivation

Die *innerbetriebliche* Koordination bezieht sich auf:

Vertrauen, geringer Argwohn

- Analyse und Interpretation von Untersuchungen bezogen auf Projekte und neue Produkte

Präsentationstechniken

- Erstellung von Produkt-, Marketing-, Budgets- und Projekt*plänen*

- Kurzfassungen (Briefings) mit Aufgabenstellung für Kontaktstellen

Methoden der
Gruppendynamik

- Zusammenfassung und Kommentierung der erzielten Ergebnisse.

Führung

161

Die *außerbetriebliche* Koordination bezieht sich auf:

- Kontaktpflege zu Kunden, Lieferanten und zum Handel

  aktives Kontaktstreben

- Ämtern und Behörden

- Marktforschungsinstitute, Designer für Produkt- und Verpackungsgestaltung, Werbeagenturen.

  Kommunikation Kooperation

Controlling-Aufgaben

Insoweit die Steuerung oder Regulierung der Aktivitäten des Unternehmens bei Projekten und Produkten in Übereinstimmung mit den Plänen des Unternehmens zu erfolgen hat.

Kontaktfreudigkeit Intelligenz Verläßlichkeit

III. Kompetenzen und Verantwortung

Anders als in angestammten Organisationseinheiten gestaltet sich in diesem Metier Kompetenz und Verantwortung: *Der Projekt-Manager trägt die volle Verantwortung für das Projekt* bzw. das neue Produkt.

Verantwortungs-bewußtsein Verantwortungs-bereitschaft Verläßlichkeit geringe Angst

Er hat die Kompetenz und Verantwortung, dafür zu sorgen, daß die funktionellen Abteilungen an dem übergeordneten Projekt mitwirken, daß sich das Projekt in den verschiedenen Funktionsabteilung nicht verliert.

Führungseigenschaften, wie Nüchternheit/Korrektheit emotionale Stabilität Selbstdisziplin Selbstbehauptung

Neue Projekte fordern rasche Kommunikation und schnelle Entscheidungen. Daher ist die Entscheidungsbefugnis auf eine Person, den Projekt-Manager, konzentriert.

Entscheidungs-fähigkeit Risikobereitschaft Selbstkontrolle

Der Stelleninhaber wird tätig im Rahmen der Ablauforganisation; anders sind seine Aufgaben nicht durchzuführen. Das heißt aber – und es ist so gewollt – er greift ein in die normalen Abläufe; er greift auch nolens volens ein in die Gestaltung des räumlich-zeitlichen Zusammenwirkens aller potentiellen Faktoren, von den Kosten bis zum Gewinn, von den Entwicklungs- und Produktionskapazitäten bis zu administrativen Zeiteinheiten. Das ist Aufgabe und Kompetenz.

Organisations-Kenntnisse Erfahrung in Organisationen Management-by-Delegation

Fähigkeiten des informellen Führens

Information und Kommunikation Vertrauen

pragmatischer Realismus

162

Das bedingt persönliche Autorität, bedingt auch Kommunikations-, Kooperations- und Verhandlungsfähigkeit bei allen Stellen und Instanzen. Schließlich hängt der Erfolg auch von der Art und Intensität der Wahrnehmung der Aufgabe ab, aber auch davon, daß er von Führungskräften des Hauses als Hilfestellung angesehen wird.

persönliche Autoritäts-
quellen, wie
Sachverstand
Objektivität
Stehvermögen/Mut
natürliche Dominanz
Fairness
innere Reife

Die Kompetenzen entsprechen insgesamt dem in den Teilen »Ziele der Stelle« und »Aufgaben« geschilderten Handlungsrahmen, d.h. der Stelleninhaber ist befugt, alle damit zusammenhängenden Entscheidungen zu treffen.

Entscheidungskompetenz

Die Verantwortung des Stelleninhabers deckt sich damit. Insoweit ist er verantwortlich für die genannten »Ziele« und »Aufgaben« und alle getroffenen Maßnahmen, aber auch für die Unterlassung notwendiger Maßnahmen.

Eigenschaften der
»Führungspersönlichkeit«

Das im Hause geltende Delegationsprinzip und die Führungsrichtlinien sind zu berücksichtigen.

kooperativer Stil

163

Tabelle der Persönlichkeitsfaktoren

	sehr stark/ sehr gut	gut/ stark	mittel	schlecht/ schwach	sehr schlecht/ sehr schwach
Kontaktfreudigkeit		■			
Intelligenz	■				
emotionale Stabilität	■				
Dominanz		■			
Energie, Tatkraft	■				
Verläßlichkeit	■				
aktives Kontaktstreben	■				
Feinfühligkeit				■	
Mißtrauen, Argwohn				■	
Unkonventionalismus		■			
Korrektheit, Nüchternheit	■				
Ängstlichkeit					■
Radikalismus		■			
Selbständigkeit	■				
Selbstdisziplin	■				
nervöse Spannung				■	

Fachkräfte . . . . . Fachkräfte . . . . . Fachkräfte . . . . .

Es gibt kein Unternehmen, das ohne Fachkräfte, und sei es auf einem noch so schmalen oder speziellen Gebiet, auskommt. Und dennoch findet man kaum einen Betrieb, wo es stichhaltige und detaillierte Anforderungsprofile für Fachkräfte gibt. In Stellenanzeigen kommen – neben der Nennung des Fachgebietes – lediglich Adjektive wie »tüchtig«, »erfahren«, »freundlich« u.ä. vor.

Ausbildung nach Berufsbild, so und soviele Jahre als Geselle da und da und der Eindruck des Meisters vom Bewerber sind in der Regel die Entscheidungsgrundlagen. Während man über den Meister, den Marketingleiter, die Chefsekretärin oder jede andere Führungskraft (Seite 121 bis 134) recht gut Bescheid weiß, was von diesen über das Fachliche hinaus üblicherweise verlangt wird, übergeht man bei Fachkräften schlicht ihre Persönlichkeit. Selbst der Mann in der Schaltzentrale einer chemischen Anlage ist als »Persönlichkeit« nicht bekannt, obwohl Millionenwerte in seiner Hand liegen können.

Die Hunderte unterschiedlicher Fachleute werden – wenn überhaupt – nur nach funktionellen Voraussetzungen wie Kenntnisse, Intelligenz, Aufmerksamkeit, Sinneswerkzeuge, Arbeitsweise, Ausdauer, Reaktionsgeschwindigkeit, »Fingerspitzengefühl« oder Vertrauenswürdigkeit bewertet. Die physische Beanspruchung wird kaum je voll erfaßt, geschweige dann die psychische. Dabei sind neben der Begabungsstruktur die individuellen Interessen-, Antriebs- und Persönlichkeitsstrukturen von größter Bedeutung für die optimale Stellenbesetzung. Dies sei an dem Beispiel des Pharma-Referenten, seines Zeichens beratender Verkäufer, dargestellt. Bei den anderen Fachkräften werden jeweils die 4 bis 6 wichtigsten Persönlichkeitsfaktoren herausgegriffen.

Welche Persönlichkeitsfaktoren sind Voraussetzung?
Auf welchen Ausprägungsgrad kommt es an?

Die Bedingungen der Arbeit bzw. die Anforderungen der Stelle sind durch folgende Persönlichkeitsfaktoren abgedeckt:

1. Kontaktfreudigkeit
2. Intelligenz

3. emotionale Stabilität
4. Dominanz
5. Energie, Tatkraft
6. Verläßlichkeit
7. aktives Kontaktstreben
8. Feinfühligkeit
9. Mißtrauen, Argwohn
10. Unkonventionalismus
11. Nüchternheit, Korrektheit
12. Ängstlichkeit
13. Radikalismus
14. Selbständigkeit, Selbstgenügsamkeit
15. Selbstdisziplin
16. nervöse Spannung.

Die optimalen Ausprägungsgrade zeigt die Tabelle. Bei den meisten Faktoren sind mehr als ein Feld ausgefüllt. Das heißt, in diesem Bereich darf bzw. muß die Merkmalsausprägung liegen.

Tabelle der Persönlichkeitsfaktoren

	sehr stark/ sehr gut	gut/ stark	mittel	schlecht/ schwach	sehr schlecht/ sehr schwach
Kontaktfreudigkeit	☐	■	■	☐	☐
Intelligenz	☐	■	☐	☐	☐
emotionale Stabilität	☐	■	■	☐	☐
Dominanz	☐	■	☐	☐	☐
Energie, Tatkraft	☐	☐	■	☐	☐
Verläßlichkeit	■	■	☐	☐	☐
aktives Kontaktstreben	■	■	☐	☐	☐
Feinfühligkeit	☐	■	■	■	☐
Mißtrauen, Argwohn	☐	☐	☐	■	☐
Unkonventionalismus	☐	☐	■	■	☐
Korrektheit, Nüchternheit	☐	■	☐	☐	☐
Ängstlichkeit	☐	☐	☐	■	■
Radikalismus	☐	■	■	■	☐
Selbständigkeit	☐	■	■	☐	☐
Selbstdisziplin	■	■	☐	☐	☐
nervöse Spannung	☐	■	■	■	☐

167

Bei Fachkräften kommt es in der überwiegenden Zahl der Fälle auf mehrere wichtige Persönlichkeitsfaktoren an, während die Ausprägung der anderen Faktoren von geringerer Bedeutung ist. Im folgenden Beispiel des »Kaufmanns in der technisch-chemischen Anlagenplanung (ohne Führungsaufgabe)« werden die weniger wichtigen Faktoren durch gestrichelte Linien angezeigt.

Kaufmann in der technisch-chemischen Anlagenplanung

Tabelle der Persönlichkeitsfaktoren[12]

1
Kontaktfreudigkeit

Kontaktfreudig, warmherzig, extravertiert, unkompliziert und anteilnehmend; heiter großzügiges Wesen	Kontaktschwach, gefühlsarm, zurückhaltend, reserviert, kritisch, abgesondert; evtl. auch hartes, unbeugsames Wesen

2
Intelligenz

Hohe erworbene oder bildungsabhängige Intelligenz; rasche Auffassungsgabe, intellektuelle Anpassungsfähigkeit; unabhängig, verläßlich im Denken; Fähigkeit zur Lösung abstrakter Aufgabenstellungen; auch: kluges Verhalten	Geringe erworbene oder bildungsabhängige Intelligenz; verzögerte oder erschwerte Auffassung, geringe Problemlösungsfähigkeit, langsames Wahrnehmungsvermögen; geringe Fähigkeit zur Lösung abstrakter Aufgabenstellungen; auch: dumm und unbesonnen

3
Emotionale Stabilität
(Auch: Ich-Stärke)

Emotional stabil, beständig; ausgeglichen-gelassen; überlegt, realitätsbezogen, insgesamt stabile Verhaltensdisposition	Emotional labil, impulsiv und oft wenig überlegt; gefühlsabhängig, leicht erregbare und unstete Verhaltensdisposition

4
Dominanz

Dominanz und Selbstbehauptung; Ich-Durchsetzung; bestimmt, gebieterisch; auch: Anmaßung und Unbeugsamkeit

Unterordnung; schwache Selbstbehauptung; unterwürfig, ergeben, fügsam, einordnungsbereit; nachgebend oder sich hingebend

5
Energie, Tatkraft
(Auch: Überschwang)

Zufriedene Heiterkeit; unbekümmerte, ausdrucksfreudige, optimistisch beschwingte Grundhaltung; lebenspraktische Orientierung; überschwenglich

Neigung zu Depressionen; gesetztes, ernstes, wenig mitteilsames und besorgt nachdenkliches Temperament; sorgenvoll, deprimiert, traurig

6
Verläßlichkeit
(Auch: Über-Ich-Stärke)

Gewissenhaft bis pedantisch; ausdauernd, beharrlich, pflicht- und verantwortungsbewußt

Unbeständig, leichtfertig oder nachlässig; prinzipienlos; unzuverlässig und gleichgültig; wenig pflicht- und verantwortungsbewußt

7
Aktives Kontaktstreben
(Auch: Soziale Initiative)

Unbekümmert und forsch; geht auf andere zu, ist sozial aktiv; impulsiv, couragiert, aber auch zugänglich und gesellig (Grundlage: Gefühl der eigenen Wirkungsmacht)

Gehemmt, schüchtern, scheu; geringe Impulsivität; vorsichtig, gehemmt, reserviert; zurückgezogen; soziale Ängstlichkeit (Zweifel an der eigenen Wirkungsmacht)

8
Feinfühligkeit

Feingefühl, Sentimentalität; sensible, sanfte, zartbesaitete Persönlichkeit (eher behütet und verwöhnt); auch: phantasievoll, gutherzig, ein „Feingeist"

Nüchterne Gefühllosigkeit; ein „Macher"; eher harte, unsentimentale, praxis- und realitätsbezogene Lebenshaltung; offen und direkt; auch: phantasiearm und verstandesgelenkt

9
Mißtrauen, Argwohn

Mißtrauisch, argwöhnisch, feindselig; leicht enttäuscht; auch mißgünstig oder unversöhnlich; subjektiv in seinem Mißtrauen befangen

Herzlich und vertrauensvoll; nüchtern-realistisch, geringer Argwohn; Verständnis, Duldsamkeit, Versöhnlichkeit, Tendenz zum Ausgleich

10
Unkonventionalismus

Soziale Verhaltensregeln werden wenig beachtet; lebt in seiner eigenen Welt, auch gegen die Wirklichkeit; Orientierung an eher wirklichkeitsfremden Ideen und Vorstellungen; auf sich bezogen, autistisch, Bohemien

Konventionalität; erlebt und gestaltet die Dinge, wie es der Konvention entspricht; oft starres oder stereotypes Haften an sozialen Regeln und Vorschriften; nüchterne, phantasielose, konventionelle und stark realitätsbezogene Einstellung

170

11
Korrektheit, Nüchternheit[1)]
(Auch: Gewandtheit)

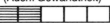

Korrekt und nüchtern; rationales Argumentieren, aber auch Tendenz zu manipulieren; anpassungsfähig und im sozialen Feld überlegen (Grundlage: pragmatischer Realismus); oft anspruchsvoller Geschmack, insgesamt smarte anspruchsvolle und rationalistische Lebenshaltung (emotional eher überkontrolliert)

Naiv, spontan und natürlich; Anspruchslosigkeit und Ungeschick im Sozialkontakt; nicht bereit oder in der Lage, sich anzupassen, auch andere Rollen zu spielen; oft primitive Ich-Bezogenheit und Unreife; unbedarft, unkultiviert, einfacher Geschmack; argumentiert subjektiv; ist emotional wenig kontrolliert

[1)] Man könnte das Merkmal auch überschreiben mit „Überzeugungsfähigkeit" oder „Überzeugung und Manipulation"(!)

12
Ängstlichkeit

Ängstlich – allgemein oder aus unbewußten Schuldgefühlen – ängstlich-besorgt, schüchtern, emotional überempfindlich; scheu, zu Selbstvorwürfen und Skrupeln neigend (ist bei Gefahren und Risiken schnell überfordert)

Wenig ängstlich, eher unbesorgte Furchtlosigkeit; nicht zu Schuldgefühlen und Skrupeln neigend; selbstsicher, mutig, zupackend, vital-tatkräftig (läßt sich durch Gefahren und Risiken nicht überfordern)

13
Radikalismus
(Auch: Agressivität oder Progressivität)

Bricht aus, neigt zu Totallösungen, ist experimentierfreudig, intolerant, rücksichtslos (in politisch-weltanschaulicher Hinsicht eher „links"); generell veränderungsfreudig, vertritt aggressive Auffassungen bzw. Meinungen

Konservativ in Einstellung, Auffassungen und Handlungsbereitschaften; wenig veränderungs- bzw. experimentierfreudig; tolerant, verständnis- und rücksichtsvoll; traditionelle Haltung, kaum je aggressiv

171

14
Eigenständigkeit

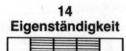

Eigenständig, auf sich gestellt; Neigung zu Entscheidungsabhängigkeit und autonomem Verhalten; auch: selbst-genügsam oder eigenbrötlerisch

Gruppen- bzw. umweltorientiert; schließt sich der Gruppenmeinung an, ist nicht eigenbrötlerisch, „gehört dazu", hat den Wunsch nach sozialer Anerkennung; evtl. auch Mitläufer

15
Selbstdisziplin, Selbstkontrolle

Starke Willenskontrolle; Beständigkeit; folgt exakt seinen abgesteckten Zielen; bisweilen zwanghaftes Maß an Selbstdisziplin; hohe Mißerfolgstoleranz (begegnet Widrigkeiten mit Vertrauen in die eigene innere Kraft)

Schwache Willenskontrolle; Vergnügen am Ausbrechen; Tendenz, die eigenen Bedürfnisse zu befriedigen; niedrige Mißerfolgstoleranz; Selbststeuerung reicht nicht aus, das Selbstkonzept situativ und dauerhaft zu verwirklichen

16
Nervöse Spannung

Nervosität, schnell erregbare Gefühlszustände; große oder größere nervöse bzw. Triebspannung (Antrieb); deutliche affektive Erregungen; auch irritierbares, unruhig getriebenes Temperament

Kaum Anzeichen von Nervosität, keine Gefühlszustände von besonderer Intensität, insgesamt geringe nervöse bzw. Triebspannung; schwer reizbare Persönlichkeit

Wichtige Persönlichkeitsfaktoren bei Fachkräften

Telefonistin (Zentrale)

Persönlichkeitsprofil

Kontaktfreudigkeit (Menschliche Nähe, Gefühlswärme)	■□□□□□	Abgeschlossenheit (Gefühlsarmut)
Intelligenz	□□■□□□	Dummheit
Emotionale Stabilität	■□□□□□	Emotionale Labilität
Dominanz (Selbstbehauptung, Machtbedürfnis)	□□□□□□	Unterordnung
Zufriedene Heiterkeit	□□□□□□	Neigung zu Depressionen
Verläßlichkeit (im Sinne allgemeiner oder gesetzter Regeln und Normen)	□□□□□□	Unzuverlässigkeit (im allgemeinen und im Sinne gesetzter Regeln und Normen)
Unbekümmertheit (Forschheit)	□■□□□□	Gehemmtheit (geringe Impulsivität)
Sentimentalität (Feingefühl)	□□□□□□	Nüchterne Gefühllosigkeit
Mißtrauen (leicht enttäuscht)	□□□□□□	Vertrauen (geringer Argwohn)
Pragmatischer Realismus	□□□□□□	Primitive Ich-Bezogenheit
Nüchternheit/Korrektheit/ Gewitztheit	□□□□□□	Verträumtheit/Naivität
Ängstlichkeit (allgemein oder aus Schuldgefühlen)	□□□□□□	Geringe Angst (nicht zu Schuldgefühlen und Skrupeln neigend)
Radikalismus	□□□□□□	Konservatismus
Selbstgenügsamkeit (auf sich gestellt, auch: Einzelgängertum)	□□□□■□	Auf Menschen ausgerichtet (sich den Menschen anschließend)
Selbstdisziplin (Willenskontrolle)	□■□□□□	Geringe Selbstdisziplin (impulsiv, ungesteuert)
Nervöse bzw. Triebspannung	□□□□□□	Geringe nervöse bzw. Triebspannung

173

Bürokaufmann (Rechnungswesen)

Persönlichkeitsprofil

Kontaktfreudigkeit (Menschliche Nähe, Gefühlswärme)	▢▢■▢▢	Abgeschlossenheit (Gefühlsarmut)
Intelligenz	▢▢▢▢▢	Dummheit
Emotionale Stabilität	▢▢▢▢▢	Emotionale Labilität
Dominanz (Selbstbehauptung, Machtbedürfnis)	▢▢▢▢▢	Unterordnung
Zufriedene Heiterkeit	▢▢▢▢▢	Neigung zu Depressionen
Verläßlichkeit (im Sinne allgemeiner oder gesetzter Regeln und Normen)	■▢▢▢▢	Unzuverlässigkeit (im allgemeinen und im Sinne gesetzter Regeln und Normen)
Unbekümmertheit (Forschheit)	▢▢▢▢▢	Gehemmtheit (geringe Impulsivität)
Sentimentalität (Feingefühl)	▢▢▢▢▢	Nüchterne Gefühllosigkeit
Mißtrauen (leicht enttäuscht)	▢▢▢▢▢	Vertrauen (geringer Argwohn)
Pragmatischer Realismus	▢▢▢▢▢	Primitive Ich-Bezogenheit
Nüchternheit/Korrektheit/Gewitztheit	▢■▢▢▢	Verträumtheit/Naivität
Ängstlichkeit (allgemein oder aus Schuldgefühlen)	▢▢▢▢▢	Geringe Angst (nicht zu Schuldgefühlen und Skrupeln neigend)
Radikalismus	▢▢▢■▢	Konservatismus
Selbstgenügsamkeit (auf sich gestellt, auch: Einzelgängertum)	▢▢▢▢▢	Auf Menschen ausgerichtet (sich den Menschen anschließend)
Selbstdisziplin (Willenskontrolle)	▢▢▢▢▢	Geringe Selbstdisziplin (impulsiv, ungesteuert)
Nervöse bzw. Triebspannung	▢▢▢▢▢	Geringe nervöse bzw. Triebspannung

174

Techniker (Prüfstand)

Persönlichkeitsprofil

Kontaktfreudigkeit (Menschliche Nähe, Gefühlswärme)	☐☐☐☐☐	Abgeschlossenheit (Gefühlsarmut)
Intelligenz	☐■☐☐☐	Dummheit
Emotionale Stabilität	☐■☐☐☐	Emotionale Labilität
Dominanz (Selbstbehauptung, Machtbedürfnis)	☐☐☐☐☐	Unterordnung
Zufriedene Heiterkeit	☐☐☐☐☐	Neigung zu Depressionen
Verläßlichkeit (im Sinne allgemeiner oder gesetzter Regeln und Normen)	■☐☐☐☐	Unzuverlässigkeit (im allgemeinen und im Sinne gesetzter Regeln und Normen)
Unbekümmertheit (Forschheit)	☐☐☐☐☐	Gehemmtheit (geringe Impulsivität)
Sentimentalität (Feingefühl)	☐☐☐☐☐	Nüchterne Gefühllosigkeit
Mißtrauen (leicht enttäuscht)	☐☐☐☐☐	Vertrauen (geringer Argwohn)
Pragmatischer Realismus	☐■☐☐☐	Primitive Ich-Bezogenheit
Nüchternheit/Korrektheit/ Gewitztheit	☐☐☐☐☐	Verträumtheit/Naivität
Ängstlichkeit (allgemein oder aus Schuldgefühlen)	☐☐☐☐☐	Geringe Angst (nicht zu Schuldgefühlen und Skrupeln neigend)
Radikalismus	☐☐☐☐☐	Konservatismus
Selbstgenügsamkeit (auf sich gestellt, auch: Einzelgängertum)	☐☐☐☐☐	Auf Menschen ausgerichtet (sich den Menschen anschließend)
Selbstdisziplin (Willenskontrolle)	☐■☐☐☐	Geringe Selbstdisziplin (impulsiv, ungesteuert)
Nervöse bzw. Triebspannung	☐☐☐☐☐	Geringe nervöse bzw. Triebspannung

175

Persönlichkeitsprofil

| Kontaktfreudigkeit (Menschliche Nähe, Gefühlswärme) | | | | | | | Abgeschlossenheit (Gefühlsarmut) |

Linke Eigenschaft	Skala	Rechte Eigenschaft
Kontaktfreudigkeit (Menschliche Nähe, Gefühlswärme)	[ ][■][ ][ ][ ][ ]	Abgeschlossenheit (Gefühlsarmut)
Intelligenz	[ ][ ][■][ ][ ][ ]	Dummheit
Emotionale Stabilität	[ ][ ][ ][ ][ ][ ]	Emotionale Labilität
Dominanz (Selbstbehauptung, Machtbedürfnis)	[ ][ ][ ][ ][ ][ ]	Unterordnung
Zufriedene Heiterkeit	[ ][ ][ ][ ][ ][ ]	Neigung zu Depressionen
Verläßlichkeit (im Sinne allgemeiner oder gesetzter Regeln und Normen)	[ ][■][ ][ ][ ][ ]	Unzuverlässigkeit (im allgemeinen und im Sinne gesetzter Regeln und Normen)
Unbekümmertheit (Forschheit)	[ ][■][ ][ ][ ][ ]	Gehemmtheit (geringe Impulsivität)
Sentimentalität (Feingefühl)	[■][ ][ ][ ][ ][ ]	Nüchterne Gefühllosigkeit
Mißtrauen (leicht enttäuscht)	[ ][ ][ ][ ][ ][ ]	Vertrauen (geringer Argwohn)
Pragmatischer Realismus	[ ][ ][ ][ ][ ][ ]	Primitive Ich-Bezogenheit
Nüchternheit/Korrektheit/Gewitztheit	[ ][ ][ ][ ][ ][ ]	Verträumtheit/Naivität
Ängstlichkeit (allgemein oder aus Schuldgefühlen)	[ ][ ][ ][ ][ ][ ]	Geringe Angst (nicht zu Schuldgefühlen und Skrupeln neigend)
Radikalismus	[ ][ ][ ][ ][ ][ ]	Konservatismus
Selbstgenügsamkeit (auf sich gestellt, auch: Einzelgängertum)	[ ][ ][ ][ ][ ][ ]	Auf Menschen ausgerichtet (sich den Menschen anschließend)
Selbstdisziplin (Willenskontrolle)	[ ][ ][ ][ ][ ][ ]	Geringe Selbstdisziplin (impulsiv, ungesteuert)
Nervöse bzw. Triebspannung	[ ][■][ ][ ][ ][ ]	Geringe nervöse bzw. Triebspannung

Betriebselektriker (selbständig arbeitend)

Persönlichkeitsprofil

Kontaktfreudigkeit (Menschliche Nähe, Gefühlswärme)	☐☐☐☐☐	Abgeschlossenheit (Gefühlsarmut)
Intelligenz	☐☐☐☐☐	Dummheit
Emotionale Stabilität	☐■☐☐☐	Emotionale Labilität
Dominanz (Selbstbehauptung, Machtbedürfnis)	☐☐☐☐☐	Unterordnung
Zufriedene Heiterkeit	☐☐☐☐☐	Neigung zu Depressionen
Verläßlichkeit (im Sinne allgemeiner oder gesetzter Regeln und Normen)	■☐☐☐☐	Unzuverlässigkeit (im allgemeinen und im Sinne gesetzter Regeln und Normen)
Unbekümmertheit (Forschheit)	☐☐■☐☐	Gehemmtheit (geringe Impulsivität)
Sentimentalität (Feingefühl)	☐☐☐☐☐	Nüchterne Gefühllosigkeit
Mißtrauen (leicht enttäuscht)	☐☐☐☐☐	Vertrauen (geringer Argwohn)
Pragmatischer Realismus	☐■☐☐☐	Primitive Ich-Bezogenheit
Nüchternheit/Korrektheit/ Gewitztheit	☐☐☐☐☐	Verträumtheit/Naivität
Ängstlichkeit (allgemein oder aus Schuldgefühlen)	☐☐☐☐☐	Geringe Angst (nicht zu Schuldgefühlen und Skrupeln neigend)
Radikalismus	☐☐☐■☐	Konservatismus
Selbstgenügsamkeit (auf sich gestellt, auch: Einzelgängertum)	☐☐☐☐☐	Auf Menschen ausgerichtet (sich den Menschen anschließend)
Selbstdisziplin (Willenskontrolle)	☐■☐☐☐	Geringe Selbstdisziplin (impulsiv, ungesteuert)
Nervöse bzw. Triebspannung	☐☐☐☐☐	Geringe nervöse bzw. Triebspannung

Direktrice (Kaufhaus)

Persönlichkeitsprofil

Linke Eigenschaft	1	2	3	4	5	6	Rechte Eigenschaft
Kontaktfreudigkeit (Menschliche Nähe, Gefühlswärme)		■					Abgeschlossenheit (Gefühlsarmut)
Intelligenz			■				Dummheit
Emotionale Stabilität		■					Emotionale Labilität
Dominanz (Selbstbehauptung, Machtbedürfnis)							Unterordnung
Zufriedene Heiterkeit							Neigung zu Depressionen
Verläßlichkeit (im Sinne allgemeiner oder gesetzter Regeln und Normen)		■					Unzuverlässigkeit (im allgemeinen und im Sinne gesetzter Regeln und Normen)
Unbekümmertheit (Forschheit)							Gehemmtheit (geringe Impulsivität)
Sentimentalität (Feingefühl)							Nüchterne Gefühllosigkeit
Mißtrauen (leicht enttäuscht)							Vertrauen (geringer Argwohn)
Pragmatischer Realismus							Primitive Ich-Bezogenheit
Nüchternheit/Korrektheit/Gewitztheit		■					Verträumtheit/Naivität
Ängstlichkeit (allgemein oder aus Schuldgefühlen)							Geringe Angst (nicht zu Schuldgefühlen und Skrupeln neigend)
Radikalismus							Konservatismus
Selbstgenügsamkeit (auf sich gestellt, auch: Einzelgängertum)							Auf Menschen ausgerichtet (sich den Menschen anschließend)
Selbstdisziplin (Willenskontrolle)							Geringe Selbstdisziplin (impulsiv, ungesteuert)
Nervöse bzw. Triebspannung							Geringe nervöse bzw. Triebspannung

178

Marktleiter (Supermarktkette)

Persönlichkeitsprofil

Kontaktfreudigkeit (Menschliche Nähe, Gefühlswärme)	Abgeschlossenheit (Gefühlsarmut)
Intelligenz	Dummheit
Emotionale Stabilität	Emotionale Labilität
Dominanz (Selbstbehauptung, Machtbedürfnis)	Unterordnung
Zufriedene Heiterkeit	Neigung zu Depressionen
Verläßlichkeit (im Sinne allgemeiner oder gesetzter Regeln und Normen)	Unzuverlässigkeit (im allgemeinen und im Sinne gesetzter Regeln und Normen)
Unbekümmertheit (Forschheit)	Gehemmtheit (geringe Impulsivität)
Sentimentalität (Feingefühl)	Nüchterne Gefühllosigkeit
Mißtrauen (leicht enttäuscht)	Vertrauen (geringer Argwohn)
Pragmatischer Realismus	Primitive Ich-Bezogenheit
Nüchternheit/Korrektheit/ Gewitztheit	Verträumtheit/Naivität
Ängstlichkeit (allgemein oder aus Schuldgefühlen)	Geringe Angst (nicht zu Schuldgefühlen und Skrupeln neigend)
Radikalismus	Konservatismus
Selbstgenügsamkeit (auf sich gestellt, auch: Einzelgängertum)	Auf Menschen ausgerichtet (sich den Menschen anschließend)
Selbstdisziplin (Willenskontrolle)	Geringe Selbstdisziplin (impulsiv, ungesteuert)
Nervöse bzw. Triebspannung	Geringe nervöse bzw. Triebspannung

179

Persönlichkeitsprofil

Kontaktfreudigkeit (Menschliche Nähe, Gefühlswärme)		Abgeschlossenheit (Gefühlsarmut)
Intelligenz		Dummheit
Emotionale Stabilität		Emotionale Labilität
Dominanz (Selbstbehauptung, Machtbedürfnis)		Unterordnung
Zufriedene Heiterkeit		Neigung zu Depressionen
Verläßlichkeit (im Sinne allgemeiner oder gesetzter Regeln und Normen)		Unzuverlässigkeit (im allgemeinen und im Sinne gesetzter Regeln und Normen)
Unbekümmertheit (Forschheit)		Gehemmtheit (geringe Impulsivität)
Sentimentalität (Feingefühl)		Nüchterne Gefühllosigkeit
Mißtrauen (leicht enttäuscht)		Vertrauen (geringer Argwohn)
Pragmatischer Realismus		Primitive Ich-Bezogenheit
Nüchternheit/Korrektheit/ Gewitztheit		Verträumtheit/Naivität
Ängstlichkeit (allgemein oder aus Schuldgefühlen)		Geringe Angst (nicht zu Schuldgefühlen und Skrupeln neigend)
Radikalismus		Konservatismus
Selbstgenügsamkeit (auf sich gestellt, auch: Einzelgängertum)		Auf Menschen ausgerichtet (sich den Menschen anschließend)
Selbstdisziplin (Willenskontrolle)		Geringe Selbstdisziplin (impulsiv, ungesteuert)
Nervöse bzw. Triebspannung		Geringe nervöse bzw. Triebspannung

Bankkaufmann (Kreditabteilung)

Persönlichkeitsprofil

Kontaktfreudigkeit (Menschliche Nähe, Gefühlswärme)	☐☐☐☐☐	Abgeschlossenheit (Gefühlsarmut)
Intelligenz	☐■☐☐☐	Dummheit
Emotionale Stabilität	☐☐☐☐☐	Emotionale Labilität
Dominanz (Selbstbehauptung, Machtbedürfnis)	☐☐☐☐☐	Unterordnung
Zufriedene Heiterkeit	☐☐☐☐☐	Neigung zu Depressionen
Verläßlichkeit (im Sinne allgemeiner oder gesetzter Regeln und Normen)	☐■☐☐☐	Unzuverlässigkeit (im allgemeinen und im Sinne gesetzter Regeln und Normen)
Unbekümmertheit (Forschheit)	☐☐☐☐☐	Gehemmtheit (geringe Impulsivität)
Sentimentalität (Feingefühl)	☐☐☐■☐	Nüchterne Gefühllosigkeit
Mißtrauen (leicht enttäuscht)	☐☐☐☐☐	Vertrauen (geringer Argwohn)
Pragmatischer Realismus	☐■☐☐☐	Primitive Ich-Bezogenheit
Nüchternheit/Korrektheit/ Gewitztheit	☐☐☐☐☐	Verträumtheit/Naivität
Ängstlichkeit (allgemein oder aus Schuldgefühlen)	☐☐☐☐☐	Geringe Angst (nicht zu Schuldgefühlen und Skrupeln neigend)
Radikalismus	☐☐☐☐☐	Konservatismus
Selbstgenügsamkeit (auf sich gestellt, auch: Einzelgängertum)	☐☐☐☐☐	Auf Menschen ausgerichtet (sich den Menschen anschließend)
Selbstdisziplin (Willenskontrolle)	☐☐☐☐☐	Geringe Selbstdisziplin (impulsiv, ungesteuert)
Nervöse bzw. Triebspannung	☐☐☐☐☐	Geringe nervöse bzw. Triebspannung

181

Kundendienstmonteur

Persönlichkeitsprofil

Linke Eigenschaft	Profil	Rechte Eigenschaft
Kontaktfreudigkeit (Menschliche Nähe, Gefühlswärme)	☐■☐☐☐	Abgeschlossenheit (Gefühlsarmut)
Intelligenz	☐☐☐☐☐	Dummheit
Emotionale Stabilität	■☐☐☐☐	Emotionale Labilität
Dominanz (Selbstbehauptung, Machtbedürfnis)	☐☐☐☐☐	Unterordnung
Zufriedene Heiterkeit	☐☐☐☐☐	Neigung zu Depressionen
Verläßlichkeit (im Sinne allgemeiner oder gesetzter Regeln und Normen)	■☐☐☐☐	Unzuverlässigkeit (im allgemeinen und im Sinne gesetzter Regeln und Normen)
Unbekümmertheit (Forschheit)	☐☐☐☐☐	Gehemmtheit (geringe Impulsivität)
Sentimentalität (Feingefühl)	☐☐☐☐☐	Nüchterne Gefühllosigkeit
Mißtrauen (leicht enttäuscht)	☐☐☐☐☐	Vertrauen (geringer Argwohn)
Pragmatischer Realismus	☐☐☐☐☐	Primitive Ich-Bezogenheit
Nüchternheit/Korrektheit/Gewitztheit	☐■☐☐☐	Verträumtheit/Naivität
Ängstlichkeit (allgemein oder aus Schuldgefühlen)	☐☐☐☐☐	Geringe Angst (nicht zu Schuldgefühlen und Skrupeln neigend)
Radikalismus	☐☐☐■☐	Konservatismus
Selbstgenügsamkeit (auf sich gestellt, auch: Einzelgängertum)	☐☐☐☐☐	Auf Menschen ausgerichtet (sich den Menschen anschließend)
Selbstdisziplin (Willenskontrolle)	☐■☐☐☐	Geringe Selbstdisziplin (impulsiv, ungesteuert)
Nervöse bzw. Triebspannung	☐☐☐☐☐	Geringe nervöse bzw. Triebspannung

Persönlichkeitsprofil

Kontaktfreudigkeit (Menschliche Nähe, Gefühlswärme)	☐☐☐☐☐	Abgeschlossenheit (Gefühlsarmut)
Intelligenz	☐■☐☐☐	Dummheit
Emotionale Stabilität	■☐☐☐☐	Emotionale Labilität
Dominanz (Selbstbehauptung, Machtbedürfnis)	☐☐☐☐☐	Unterordnung
Zufriedene Heiterkeit	☐☐☐☐☐	Neigung zu Depressionen
Verläßlichkeit (im Sinne allgemeiner oder gesetzter Regeln und Normen)	■☐☐☐☐	Unzuverlässigkeit (im allgemeinen und im Sinne gesetzter Regeln und Normen)
Unbekümmertheit (Forschheit)	☐☐☐☐☐	Gehemmtheit (geringe Impulsivität)
Sentimentalität (Feingefühl)	☐☐☐☐■	Nüchterne Gefühllosigkeit
Mißtrauen (leicht enttäuscht)	■☐☐☐☐	Vertrauen (geringer Argwohn)
Pragmatischer Realismus	☐☐☐☐☐	Primitive Ich-Bezogenheit
Nüchternheit/Korrektheit/ Gewitztheit	☐☐☐☐☐	Verträumtheit/Naivität
Ängstlichkeit (allgemein oder aus Schuldgefühlen)	☐☐☐☐☐	Geringe Angst (nicht zu Schuldgefühlen und Skrupeln neigend)
Radikalismus	☐☐☐☐☐	Konservatismus
Selbstgenügsamkeit (auf sich gestellt, auch: Einzelgängertum)	■☐☐☐☐	Auf Menschen ausgerichtet (sich den Menschen anschließend)
Selbstdisziplin (Willenskontrolle)	☐☐☐☐☐	Geringe Selbstdisziplin (impulsiv, ungesteuert)
Nervöse bzw. Triebspannung	☐☐☐☐☐	Geringe nervöse bzw. Triebspannung

Montageingenieur

Persönlichkeitsprofil

Kontaktfreudigkeit (Menschliche Nähe, Gefühlswärme)	☐ ■ ☐ ☐ ☐	Abgeschlossenheit (Gefühlsarmut)
Intelligenz	☐ ☐ ☐ ☐ ☐	Dummheit
Emotionale Stabilität	■ ☐ ☐ ☐ ☐	Emotionale Labilität
Dominanz (Selbstbehauptung, Machtbedürfnis)	☐ ■ ☐ ☐ ☐	Unterordnung
Zufriedene Heiterkeit	☐ ☐ ☐ ☐ ☐	Neigung zu Depressionen
Verläßlichkeit (im Sinne allgemeiner oder gesetzter Regeln und Normen)	☐ ■ ☐ ☐ ☐	Unzuverlässigkeit (im allgemeinen und im Sinne gesetzter Regeln und Normen)
Unbekümmertheit (Forschheit)	☐ ☐ ☐ ☐ ☐	Gehemmtheit (geringe Impulsivität)
Sentimentalität (Feingefühl)	☐ ☐ ☐ ☐ ☐	Nüchterne Gefühllosigkeit
Mißtrauen (leicht enttäuscht)	☐ ☐ ☐ ☐ ☐	Vertrauen (geringer Argwohn)
Pragmatischer Realismus	☐ ☐ ☐ ☐ ☐	Primitive Ich-Bezogenheit
Nüchternheit/Korrektheit/ Gewitztheit	☐ ■ ☐ ☐ ☐	Verträumtheit/Naivität
Ängstlichkeit (allgemein oder aus Schuldgefühlen)	☐ ☐ ☐ ☐ ☐	Geringe Angst (nicht zu Schuldgefühlen und Skrupeln neigend)
Radikalismus	☐ ☐ ☐ ■ ☐	Konservatismus
Selbstgenügsamkeit (auf sich gestellt, auch: Einzelgängertum)	☐ ☐ ☐ ☐ ☐	Auf Menschen ausgerichtet (sich den Menschen anschließend)
Selbstdisziplin (Willenskontrolle)	☐ ☐ ☐ ☐ ☐	Geringe Selbstdisziplin (impulsiv, ungesteuert)
Nervöse bzw. Triebspannung	☐ ☐ ☐ ☐ ☐	Geringe nervöse bzw. Triebspannung

X. Die entscheidenden Voraussetzungen

Unumgängliche Persönlichkeitsmerkmale

Jeder Personalfachmann wird das Ziel haben, zwischen »Anforderungen« und »Persönlichkeitsmerkmalen« das Optimum an Übereinstimmung anzustreben. Daß dies nicht immer möglich ist und Kompromisse geschlossen werden müssen, ist eine Erfahrungstatsache. *Bei wesentlichen Persönlichkeitsmerkmalen sind jedoch Kompromisse nicht angebracht.*

Oft wird mit der Absicht, »sicher zu gehen«, zu hoch gegriffen. In der Not wird aber über wesentlicheres hinweggesehen und man kneift beide Augen zu, um nicht zu sehen, »wo es fehlt«. Die Folgen bleiben nicht aus.

Wenn in einer Position z.B. kreative Intelligenz erforderlich ist, so darf man sich nicht auf den akademischen Grad verlassen, der so gut wie nichts darüber aussagt, sondern eher nur bescheinigt, daß Gedächtnis und systematisches Denken gegen sind. – Kommt es auf starke Selbstbehauptung und Dominanz an, so kann man darauf nicht zu Gunsten einer beim Bewerber vielleicht gegebenen Verläßlichkeit und Kontaktstärke verzichten. Die Wirkungen beider Merkmale sind zwar ad hoc ähnlich, können sich jedoch gegenseitig nicht ergänzen! – Unbekümmerte Forschheit, gekoppelt mit mäßiger Selbstdiziplin mag gelegentlich beeindrucken; ist aber eher eine gewisse Gehemmtheit günstiger (weil dann neue Projekte vorsichtiger angegangen werden), so ist das nicht »in Kauf zu nehmen« sondern nach der Anforderung positiv zu werten! Eine gleichzeitig gegebene hohe Selbstdisziplin bietet die Gewähr, daß der Betreffende seine Kräfte und Fähigkeiten zentriert einsetzt und abgesicherte Wege geht.

Die Heraushebung wesentlicher Persönlichkeitsmerkmale wurde bereits bei den Beispielen auf Seite 168 bis 184 praktiziert. Man sollte das Verfahren jedoch nicht generell anwenden oder weiter verkürzen und sich vielleicht mit zwei, drei »Richtigen« zufrieden geben. Die Gefahr ist zu groß, daß die Ausprägung anderer Merkmale das Positive wieder aufhebt.

Was brauchen wir wirklich?

Die 16 Persönlichkeitsfaktoren sind nach ihrem Schöpfer R.B. Cattell[*] ein Instrument, mit dem sich nicht nur alle Dimensionen eines Individuums beschreiben lassen, sondern es sind auch jene, die am stabilsten sind. Darauf lassen sich personelle Entscheidungen aufbauen.

In manchen – wichtigen – Fällen, wie z.B. bei der Besetzung von Schlüsselpositionen, kommt es auf die *Übereinstimmung aller Faktoren* an. Andere Stellen lassen die *persönliche Ausgestaltung* zu und erfordern nur die unumgänglichen Voraussetzungen; der Rest bleibt der Initiative des Stelleninhabers überlassen. Dann gibt es infolge der organisatorischen Bedingungen und Arbeitsvoraussetzungen eine Vielzahl von Stellen, in denen neben den beruflich-fachlichen Voraussetzungen nur zwei, drei oder vier Persönlichkeitsfaktoren ausschlaggebend sind.

Beschränkt man sich auf wesentliche persönliche Voraussetzungen, d.h. *Persönlichkeitsfaktoren*, die *unumgänglich* notwendig sind, so ergeben sich für die in Kapitel VIII aufgeführten Profile folgende Schwerpunkte:[13]

---

[*] Sie wurden vom Verfasser überarbeitet und auf die betriebliche Praxis hin ausgerichtet.

Meister	emotionale Stabilität
	Verläßlichkeit
	pragmatischer Realismus
	Selbstdisziplin

Meister

emotionale Stabilität
Verläßlichkeit
pragmatischer Realismus
Selbstdisziplin

Chefsekretärin

Intelligenz
die Mitte zwischen »Sentimentalität«
und nüchterner »Gefühllosigkeit«
geringe Angst
Selbstdisziplin

Leiter EDV

Verläßlichkeit
die Mitte zwischen »Forschheit« und
»Gehemmtheit«
pragmatischer Realismus
Nüchternheit/Korrektheit

Produktionsleiter

emotionale Stabilität
Dominanz
geringe Angst
auf Menschen ausgerichtet

Technisches
Vorstandsmitglied

allgemeine Intelligenz und hohes
Abstraktionsvermögen
Dominanz
pragmatischer Realismus
Selbstdisziplin

Leiter Finanz- und
Rechnungswesen

Intelligenz
Verläßlichkeit
eher »nüchterne Gefühllosigkeit«
Konservatismus

Marktleiter

emotionale Stabilität
Verläßlichkeit
nüchterne Korrektheit
Selbstdisziplin

Vertriebsleiter (Zentrale)	emotionale Stabilität Dominanz Unbekümmertheit/Forschheit Nüchternheit/Korrektheit/ Gewitzheit
Zentraleinkäufer *(Bereichsleiter)*	Tendenz in Richtung Abgeschlossenheit emotionale Stabilität Verläßlichkeit Tendenz »nüchterne Gefühllosigkeit«
Leiter Warengruppe	Dominanz Verläßlichkeit Nüchternheit/Korrektheit Selbstdisziplin
Leiter Aus- und *Fortbildungswesen*	normale Emotionalität Verläßlichkeit Tendenz in Richtung Vertrauen auf Menschen ausgerichtet
Vorstandsmitglied	die Mitte zwischen Kontaktfreudigkeit und Abgeschlossenheit Dominanz nüchterne Gefühllosigkeit geringe Angst

Bei den einzelnen Persönlichkeitsfaktoren sind auch die Ausprägungsgrade von nicht zu unterschätzender Bedeutung. Da es sich bei diesen Beispielen um Führungskräfte handelt, wird nicht verwundern, daß die Faktoren Verläßlichkeit, emotionale Stabilität, Dominanz, geringe Angst und hohe Selbstdisziplin eine herausragende Rolle spielen.

Entwicklungspotential des Bewerbers

Zum »Optimum« der Personalauswahl und Personalentscheidung gehört auch die Überlegung, ob und wann ein Bewerber oder Mitarbeiter »an seine Decke stößt«, d.h. daß sein Entwicklungspotential erschöpft ist. Bei jungen Menschen wird man eher höher greifen und die künftige Entwicklung in die Überlegungen einschließen. Der »gestandene Mann« hingegen sollte bei einer ihm neu übertragenen Aufgabe möglichst »an seine Decke stoßen«. Dann ist er gefordert, fühlt sich ausgelastet und – da er alle seine Eigenschaften und Fähigkeiten mobilisieren muß, »um seinen Mann zu stehen« – zufriedener, als wenn er unterfordert ist.

Oft tritt in der beruflichen Laufbahn ein *Leistungsknick* ein. Dem Personalleiter präsentiert sich im Angesicht des »interessanten« Bewerbers eine sehr positive Karriere. Der Betreffende ist vielleicht vierzig, hat genügend Wissen und Erfahrung – nur der Prozeß der Selbstverwirklichung ist bei ihm abgeschlossen! Er will den Standard halten und noch einmal »eine Stufe höher steigen«, aber die Bereitschaft, sich noch einmal voll ins Geschirr zu legen, ist infolge des eingetretenen Leistungsknicks (auch wenn er dies mit voller Überzeugung verneint) nicht mehr gewährleistet. Das Entwicklungspotential des Individuums läuft weitgehend parallel mit den in Kapitel IV genannten Entwicklungstendenzen (»Der Abriß des menschlichen Lebens«):

Mit sechzehn bekommt man den jungen Auszubildenden in der Phase seiner positiven Pubertät, mit neunzehn den Abiturienten oder jungen Gesellen, beide in ihrem »zornigen Alter«. Mit zweiundzwanzig oder fünfundzwanzig steht ein »Wandergeselle« vor einem, zwar der »fertige Fachmann«, aber immer noch dabei, sein eigenes Lebenskonzept zu erproben.

Wer mit Ende zwanzig oder mit dreißig im Leben noch nicht Fuß gefaßt hat und als reife Persönlichkeit voll in der Verantwortung steht, wird diese Reife wahrscheinlich auch in den nächsten zwei oder fünf Jahren nicht erreichen. Steht der Bewerber im vierten Lebensjahrzehnt, sollte er den Gipfel seiner Lebenskurve erreicht haben. Unrealistische Vorstellungen in diesem Alter sind ein Indiz für »Unreife«, aber oft auch für »Jugendlichkeit« (was das Gleiche ist).

Ob man will oder nicht: Mit vierzig beginnt der Abbau der physischen Kräfte. Die geistigen Leistungen können zwar noch steigen, aber die schwächer gewordene Physis läßt Mut und Wagnis schnell sinken, wenn keine charakterlich bedingten psychischen Kräfte dem entgegenstehen. Motive und Antriebe werden in diesem Alter schwächer. Das Ziel wird nicht mehr mit Elan dem jetzigen Standort weit vorausgesteckt, wie das im dritten Lebensjahrzehnt bei den meisten der Fall ist.

Der Weg zur optimalen Auswahl darf an den zwei Grenzsteinen »betriebliche Anforderungen« hier — und »Persönlichkeitsprofil«, eingeschlossen das Entwicklungspotential des einzelnen, dort — nicht vorbeiführen! Man muß sie als eine Parallele auffassen.

Statistische Profilvergleiche

Die Unterschiede zwischen den Führungskräften auf der unteren, mittleren, oberen und obersten Ebene können nicht nach einheitlichen psychologischen Gesichtspunkten klassifiziert werden. Die Darstellungen von Arbeitsplatz- und Stellenbeschreibungen und die jeweils genannten Anforderungsprofile sind Legion. Weder kann die klassische psycho-technische Untersuchung, noch die moderne Führungspsychologie die Berufs- und Stellenanforderungen nach körperlichen, geistigen, willentlichen und persönlich-sozialen Bereichen endgültig klassifizieren.

Man überträgt zu leichtfertig Feststellungen über Intelligenz und Durchschnittsbegabung, Interessenprofile und Streuungen auf konkrete Anforderungen. Verschiedene Untersuchungen befassen sich mit den Antriebsquellen beim Schaffens- und Führungsprozeß, den Interessen-, Antriebs- und Persönlichkeitsstrukturen. *Aber: Es gibt wohl kaum ein Interesse oder eine Antriebskraft, die nicht auch ihre Bedeutung für die Berufsausübung in einer Führungsposition hätte!*

Der Verfasser arbeitet daher mit einem Verfahren, das auf dem Vergleich der Merkmalsprofile von Anforderungen und Anwärtern beruht. Es ist ein statistischer Profilvergleich. Das »Anforderungsprofil« zeigt dann die *durchschnittlichen Ausprägungsgrade einer*

Gruppe von »angepaßten« Berufsvertretern, wie beispielsweise Betriebsleitern in der chemischen Industrie, Verkaufsleitern im Markenartikelbereich oder Leitern des Rechnungswesens. Diese Standardprofile werden auf die jeweilige konkrete Position hin abgeändert.

Das »Persönlichkeitsformat«

Obere Führungskräfte, wie Hauptabteilungsleiter, Bereichsleiter, Leiter des Unternehmensstabes u.ä. sind direkt der Unternehmensleitung unterordnet. Ihr Arbeitsgebiet führen sie weitgehend selbständig, in der Regel nur gebunden an die festgelegte Unternehmenspolitik. Zu ihren Aufgaben gehört auch die Beratung der Unternehmensleitung, die Vorbereitung unternehmerischer Entscheidungen und die Mitarbeit an der Unternehmenspolitik. Dazu benötigen sie hervorragende Spezialkenntnisse, hohe dispositive Fähigkeiten in Bezug auf Planung, Zielsetzung, Motivation, Organisation, Verwaltung und Kontrolle. Da sie das meiste von ihnen in Bewegung Gesetzte durch andere (Personen, Gruppen, Organisationseinheiten, aber auch in Kooperation mit anderen Stellen, als den ihnen direkt untergeordneten) zum Ziel bringen müssen, ist ein hohes Maß an Menschenführung und sozialer Intelligenz erforderlich. Es kommt bei Ihnen auf das an, was man allgemein als »Persönlichkeitsformat« bezeichnet.[14]

Bei *Unternehmern* und *Führungskräften mit unternehmerischen Aufgaben* und Verantwortlichkeiten sind die notwendigen Eigenschaften und Fähigkeiten noch weiter gespannt. Ihr »Persönlichkeitsformat« wird herausragen. Hervorstechend ist meist das intellektuelle Niveau und der Ausprägungsgrad bestimmter Persönlichkeitsfaktoren, wie Dominanz, Gewissenhaftigkeit, Präzision und Härte, Mut und eine starke Motivation. Der Ausprägungsgrad solcher Persönlichkeitsdimensionen macht ihr »Format« aus, ohne daß man bei ihnen von einem einheitlichen Persönlichkeitsbild sprechen kann.

Viele, die nach oben streben und früher oder später die höchste Verantwortungsstufe erreichen, zeichnen sich durch folgende Merkmale aus:

- hohe Arbeitsmoral
- starke Identifikation mit der Unternehmung
- hohe Leistungsfähigkeit, Initiative und Einsatzwille
- Anerkennung der Organisation als notwendige und sinnvolle Voraussetzung für den eigenen und den betrieblichen Erfolg
- Geschick, Anpassung und Loyalität
- hohe und anpassungsfähige Intelligenz
- starkes Bedürfnis sowohl zu herrschen als auch sich unterzuordnen (betriebs- bzw. organisationskonformes Verhalten)
- Fähigkeit zu überzeugen, zu motivieren und zu manipulieren (auch: sich selbst günstig darzustellen)
- Selbstbehauptung, Dominanz und extravertierte (außengelenkte) pragmatische Persönlichkeitsmerkmale.

Zum schnellen – »raketenhaften« – Aufstieg in einem Betrieb gehören neben einer glanzvollen Befähigung bestimmte Merkmale dieses Betriebes bzw. seiner Organisation: Sind es erfolgreiche, expandierende Unternehmen, so kann es die Selbstsicherheit des Managements sein, sich eine solche »Rakete« leisten zu können, – meist eine schlechte Startbasis für den Neuen. In einer großen Zahl von Fällen liegen jedoch solche situativen Bedingungen vor, wie

- ein vergleichbarer Mann ist in der Organisation nicht vorhanden; man braucht ihn, weil man keinem Anwesenden die Lösung der anstehenden Probleme zutraut;
- die vorhandenen Mitarbeiter sind verbraucht, ihre Autorität ist gesunken – innen wie außen –, in ihren Stärken und Schwächen sind sie zu bekannt; der Apparat ist im übrigen durch Bürokratie gefestigt, das Herrschaftssystem bleibt durch den »Neuen« im wesentlichen unberührt;
- es ist der zweite, dritte oder vierte Versuch, durch einen bekanntermaßen erfolgreichen Spitzenmann das eigene Unternehmen auf einen anderen, besseren Kurs zu bringen. Die Wahl fällt auf den »Erfolgreichen«, der es schon woanders geschafft hat.[1]

---

[1] Rosner, L., Voraussetzungen, Eigenschaften und Fähigkeiten der Führungspersönlichkeit, Zürich und Landsberg 1983.

XI. Checklisten für die optimale Stellenbesetzung

Der Beurteilungsprozeß im programmatischen Ablauf

Stellenbeschreibung vorhanden?

Wenn nein: Organisationsstruktur in dem betreffenden Bereich überprüfen, ggf. neu festlegen.

Stellenbeschreibung auf dem aktuellen Stand entwickeln.

Aus Stellenbeschreibung Anforderungsprofil entwickeln

Möglichst konkret:
Was muß der oder die Betreffende im einzelnen tun?

Wo liegen die wichtigsten und wo die weniger wichtigen Tätigkeiten?

Unter welchen dauerhaften und situativen (bitte unterscheiden!) Bedingungen muß jemand seine Aufgaben lösen?

Welche Kräfte und Fähigkeiten muß er/sie besitzen und einsetzen, um die sich im Vollzug der Aufgaben ergebenden Widerstände zu überwinden (Anpassungs- bzw. Umstellungsfähigkeit und Belastbarkeit)?

	Dann: Die 20 Anforderungsmerkmale S. 117–118 (von 1. Fachkenntnisse . . . bis 20. Selbstdisziplin) sind in bezug auf die Stelle zu gewichten.
Anforderungsprofil in 16PF-Profil umsetzen	Welchen Ausprägungsgrad der 16 Persönlichkeitsfaktoren (von Kontaktfreudigkeit . . . bis nervöse Spannung) verlangt die Stelle?
Text für innerbetriebliche Ausschreibung bzw. das Inserat	Aus Stellenbeschreibung und Persönlichkeitsprofil entwickeln.
Analyse der Bewerbungsunterlagen:	(mehr nach Schema und Systematik als nach Intuition)
Stil der Bewerbung	Lebendig? Originell? Stellungnehmend? Geistreich oder farblos? Tiefschürfend oder wirklichkeitsfremd? Anschaulich-konkret oder begrifflich-abstrakt? Großzügig oder exakt-pedantisch? Geistiges Niveau? Logischer Aufbau? Evtl. Stilhochstapler?
Das Schriftbild	Wie wirken die Schriftzüge? Wie ist der Grad der Leserlichkeit? Wird das Schriftbild bzw. das Schriftstück dem Arbeitszweck gerecht?

Hat der Bewerber eine berufstypische Schrift?

Der Lebenslauf

Lücken im Lebenslauf?
Lücken in den Ausbildungs- bzw. Beschäftigungszeiträumen?

Zeitfolgeanalyse:
Welche Arbeitsplatzwechsel wurden vorgenommen?

Positionsanalyse:
Aufstieg? Abstieg? Berufswechsel, Wechsel des Arbeitsgebietes?

Strukturelle Merkmale:
Allgemeine Entwicklungstendenz (wie streben die Ereignisse zueinander?), qualitative Ausprägungen (wann wird der gütemäßige Leistungsgipfel erreicht?)

Zusätzlich:
Checkliste Anlagen und Umwelt (S. 59 f.), soweit schon erkennbare Daten, Fakten oder Aussagen Schlüsse zulassen.

Die Zeugnisse

Vollständig?

Wiederkehrende oder besondere Aussagen?

Noten?

Welche Leistungs- oder Charaktermerkmale drängen sich auf?

Können schon Motive vermutet oder erkannt werden?

Referenzen	Werden Referenzen genannt?
	Welche? – Privatpersonen?
	Die letzten Arbeitgeber?
	»Hohe Persönlichkeiten«?
	Andere?
Das Lichtbild	Aussagefähig? (Qualität der Bilder, Größe, Gesichtsausdruck, Frisur, Kleidung usw.)
Die Vorauswahl	Wer soll zur Vorstellung eingeladen werden?
	Wer wird mit dem Bewerber sprechen? (Ggf. in welcher Reihenfolge?)
	Wer ist für die terminliche Abstimmung, die Einladung, den Empfang der Bewerber und den zeitlichen Ablauf zuständig und verantwortlich?
Das persönliche Gespräch:	(Hinweise siehe II. Das Vorstellungsgespräch)
Schwerpunkte	Fragenkomplexe sind: Beruf(e), Berufserfahrung Schule(n), Ausbildung, Fortbildung Kindheit, Herkunft, Prägung Das soziale Niveau des Bewerbers; Familie, Herkunft, soziologische Einflüsse und Auswirkungen auf seine Persönlichkeitsentwicklung.
	Individualtypische Thematik des Lebenslaufes: Charakterologische (z.B. persönliches Anspruchsniveau) und schicksalspsy-

chologische (z.B. Angst vor Veränderung) Strukturen, die erkennbar werden
Familiäre und gesellschaftliche Situation
Finanzielle Situation (sonstige Einkommen, Schulden)
Gesundheit.

Um genügend Hinweise für die Persönlichkeitsstruktur zu bekommen, ist die »Checkliste Persönlichkeitsfaktoren« auf S. 135 ff, dringend empfohlen.

Der »erste Eindruck«

Wie ist der erste Eindruck? (Empfinden Sie Gefühle der Sympathie oder der Antipathie?)

Wie ist der Spontaneindruck?

Können Sie Ihr Gegenüber gar nicht »er-fühlen«?

(S. auch »Täuschungsmöglichkeiten S. 19 ff.)

Analyse des Verhaltens

Gesamterscheinung

Äußeres und Auftreten

Alterseindruck

Gepflegtheit

Körperbewegungen:
Körperbau, Körperhaltung,
Gehen, Stehen, Sitzen (Sitzhaltung)
Bewegungsstil insgesamt
Bewegungscharakter der Hände
Händedruck

Wissensprüfungen	Wie sieht es beim Bewerber mit dem Bestand an Fachkenntnissen aus?
	Wie weit kann er mit seinem Bestand an Fachwissen sinnvoll arbeiten?
	Versteht er es, in seinem Fach zu »denken«?
	Welches Wissen muß im einzelnen geprüft werden?
	Muß ein besonderer Wissenstest eingeschaltet werden?
Die Vorentscheidung	Kommt der Bewerber in die engere Wahl?
	Wenn ja: dies deutlich zu erkennen geben und das weitere Vorgehen konkret vereinbaren.
	Wenn »unbestimmt«, d.h. wenn noch gewisse Zweifel bestehen: Was soll bzw. kann weiter geschehen?
	Ist nach Prüfung aller Unterlagen, Daten und Fakten noch ein psychologischer Test erforderlich?
	Welche zusätzlichen Erkenntisse soll er bringen?
	Soll ein zweites Interview stattfinden, um bestimmte Zweifel zu erhärten oder zu beseitigen?
	Wer soll es führen?
	Was sind die letztlich entscheidenden Faktoren?

Die Entscheidung	Alle Daten und Fakten geprüft?
	Differenzen in der Deutung und Interpretation von Erfahrenem und Gesehenem bei jedem Bewerber geklärt und beseitigt?
	Hat jeder der Beteiligten sein 16 PF-Profil (ohne Beeinflussung anderer) ausgefüllt?
	Hat man sich über abweichende Einstufungen auseinandergesetzt?
	Weiter nach IV. Die Entscheidungsmatrix.
Die administrative Abwicklung	(Sehr heikel! Vermeiden, daß aus bürokratischen Rücksichten Bewerber demotiviert werden!)
Die »Warmhaltephase«	Der erfolgreiche Bewerber sollte bei den psychologisch sehr schwierigen Aufgaben und Entscheidungen im Zusammenhang mit dem Stellungswechsel nicht allein gelassen werden.
	Wer ist bis zum Dienstantritt sein Kontaktmann?
	Wer hält ihn »warm«, d.h. wer gibt ihm das Gefühl, daß er nunmehr »dazugehört«?
	Treffen Sie Vorbereitungen für seinen Empfang? (Er ist doch »wichtig« wie ein Kunde?!)
Einweisung und Einarbeitung	Verantwortliche Vorbereitung für die Wahrnehmung der Aufgabe.

Mit den Bedingungen der Situation vertraut machen.

Klare Delegationsverhältnisse schaffen.

Motivieren

Helfend Kontrollieren

Fördern

Das Vorstellungsgespräch

Vor dem Gespräch

Gehen Sie die Bewerbungsunterlagen noch einmal durch:
- Sind sie vollständig?
- Was sind die wesentlichen Aussagen im Bewerbungsschreiben, im Lebenslauf, in den Zeugnissen?
- Welche Informationen fehlen?

Legen Sie das Anforderungsprofil der Stelle daneben:
- Wo erwarten Sie Übereinstimmung?
- Wo haben sie Zweifel?
- Welche Fragen werden Sie in bezug auf das Persönlichkeitsprofil stellen?

Organisieren Sie die äußeren Bedingungen:
- Die Zeit. – Dem Bewerber das Gefühl vermitteln, daß Zeit für ihn da ist. Möglichst keine Unterbrechungen (Telefon, Sekretärin, Unterschriften usw.) während des Gesprächs.

- Der Raum. – Er sollte eine persönliche Atmosphäre vermitteln, dem Anlaß und der Stelle aber adäquat sein. (Den künftigen Sachbearbeiter wird man nicht unbedingt im Chefzimmer, den Bewerber für die Position des Direktionsassistenten nicht im nüchternen Konferenzraum empfangen.)
- Das Drum und Dran: Empfang, Bewirtung, Personalfragebogen, evtl. praktische Prüfungen, Reisekostenabrechnung usw. vorher regeln.

Das Gespräch

- Stellen Sie zu dem Bewerber einen persönlichen Kontakt her.
- Gesprächsziel feststellen. Zweck, Inhalt und voraussichtliches Ergebnis, das erwartet wird, angegeben. – Gegebenenfalls die Grenzen der eigenen Befugnisse erkennen lassen. (Wenn der Bewerber am Ende des Gespräches merkt, daß die mit ihm besprochenen Vereinbarungen noch gar nicht endgültige Entscheidungen der Firma darstellen, ist er enttäuscht.)
- Prestige beachten. – Keine Fragen stellen, bei denen der Bewerber einen peinlichen Prestigeverlust erleben müßte. (Ist z.B. jemand vermutlich von seiner früheren Firma entlassen worden, dann sollte nicht gefragt werden, ob er entlassen wurde, sondern wie es zu dem Ausscheiden kam.)
- Statt der Frage, ob er Schwierigkeiten mit seinen Vorgesetzten hatte, ist es besser, gleich zu fragen, wann die Schwierigkeiten entstanden. Die Tatsache, daß es Schwierigkeiten gab, ist damit als menschlich verständliche Erscheinung etwas in den Hintergrund gerückt, so daß nun ihre Art unbefangen diskutiert werden kann.
- Führen Sie möglichst ein halb-standardisiertes Interview: Sie haben zwar die Fragen vor dem Interview genau festgelegt und auch deren Reihenfolge, Sie bestimmen jedoch aufgrund der jeweiligen Situationen die Fragestellungen und den Verlauf des Gesprächs.
- Trichterförmig fragen. – Das Gespräch sollte »trichterförmig« geführt werden: Zuerst allgemeine Fragen – aber kein langatmiges Drumherumgerede – dann enger werdend, sich immer mehr den Kernpunkten nähernd. Zwischendurch immer wieder einmal eine Frage, die dem Bewerber viele Wege offen läßt. Nicht abfra-

gen, sondern Fragen ab und zu zwischenstreuen; kein Prüfungsstil!

- Suggestivfragen vermeiden. – Sie legen damit eine bestimmte Antwort nahe, ohne daß Sie die wirkliche Meinung des Bewerbers erfahren.
- Zuhören, zuhören, zuhören. – Die eigene Beteiligung am Gespräch darf nicht unterschätzt werden. Es ist notwendig, sich immer wieder zu fragen, ob der Bewerber reichlich Gelegenheit hat zu sprechen. Gerade sehr aktive Vorgesetzte haben es verständlicherweise schwer, vom Senden auf das Empfangen umzuschalten. Sie neigen dazu, dem Bewerber eindringlich klar zu machen, was sie alles von ihm erwarten. Geht dieser fort, dann weiß er recht gut, was sein Gesprächspartner für ein Mensch ist, nur der Vorgesetzte weiß zu wenig vom Bewerber. Der Interviewer projiziert womöglich das, was er selbst empfand, in den Bewerber und gibt es guten Glaubens als dessen Bild wieder. (Solche Extremfälle sind selten; um dieser Tendenz entgegenzuwirken, bedarf es einer dauernden Selbstkontrolle.)
- Viele kurze Fragesätze verwenden, die längere Antworten herausfordern.
- Auch heikle Themen erörtern.
- Selbstbekenntnisse des Bewerbers mit Vorsicht aufnehmen.
- Das Gespräch zur rechten Zeit beenden.

Vorschläge für Fragen

Einleitende Fragen

Hatten Sie eine gute Reise?
Haben Sie uns leicht gefunden?
Darf ich Ihnen eine Erfrischung reichen?
. . . .

Die äußere Umwelt des Bewerbers

Geburtsort: Stadt, Land; Verkehrslage; Wohnweise. Häufigkeit und Gründe von Ortswechseln. Jetziger Wohnort.

202

Hier lassen sich sehr viele Fragen unterbringen:

Beruf und Stellung des Vaters, u.U. auch der Mutter; kulturelle Atmosphäre der Familie, die Art der Erziehung und die Stellungnahme des Bewerbers dazu; Einstellung der Eltern gegenüber der Schule, dem Beruf des Bewerbers. Soweit Berufe und Stellungen von Geschwistern oder anderen Verwandten von Interesse sein können, sind auch diese in das Gespräch einzubeziehen (berufliche Schwerpunkte, Begabungsrichtungen, soziale Mobilität usw.).

Die schulische Umwelt

Schulen nach Art, Zahl, Dauer; Einflüsse durch Lehrer; Interesse an den Fächern; Nachhilfestunden; Schülerheim usw. (Zehn bis fünfzehn Jahre seines Lebens hat jeder dort verbracht. Will man das mit ein, zwei Fragen erledigen?)

Wie denkt man heute über die Schule?
Was ist an Wissen noch gegenwärtig?
Wie hat man sich ggf. fortgebildet?

Berufliche Verhältnisse

Wann hat es mit dem Beruf, der »Berufsidee«, angefangen? Erlernter Beruf und evtl. andere in Erwägung gezogene Berufe? Wer hat zu dem (oder anderen) Beruf(en) geraten? – Welchen anderen Beruf hätte der Bewerber ebenso gern oder noch lieber erlernt?

Bisherige Stellungen, Erfolge/Mißerfolge, Erfindungen, Veröffentlichungen, Berufswechsel, welche und warum?
Berufstätigkeit der Frau;
Berufssorgen, Krisen;
Weiterbildung, Berufspläne und -ziele;
Einstellung der Ehefrau, des Ehemannes zum Beruf und zur Bewerbung des Kandidaten.

Die fachliche Eignung

Wie verlief Ihre praktische Lehre/Ihr Praktikum?
Worauf haben Sie in dieser Zeit und in den Jahren danach sich beson-

ders konzentriert, besonderen Wert gelegt?
Warum taten Sie das? Was gefiel Ihnen an der Art der Tätigkeit?
Warum haben Sie die Ausbildung, das Studium als ... gewählt?
Haben Sie auch andere Fächer belegt? Anderes vorgehabt?
Worauf konzentrierten Sie sich gegen Ende der Ausbildung, des Studiums?
Worin lagen bzw. liegen Ihre fachlichen Stärken und Schwächen?

Arbeitseigenarten

Worauf legen Sie mehr Wert, auf die *Qualität* Ihrer Arbeit oder auf die *Quantität*, sofern Sie die Wahl haben?
Was ist Ihnen wichtiger: die Sorgfalt oder die Einhaltung von Terminen?
Geben Sie – ohne große Bedenken – auch unvollendete Arbeiten ab, wenn der Termin es verlangt?
Wie haben Sie in Ihrer letzten Stelle Entscheidungen vorbereitet und getroffen?
Glauben Sie, daß man auf die Dauer nach der Qualität seiner Arbeit beurteilt wird? Oder wonach sonst? ...
Manche Leute können vieles wegschaffen. Diese gelten als fleißig, oft auch als zuverlässig. Gehören Sie dazu?

Verantwortungsbewußtsein und Entscheidungsfähigkeit

Welche Verantwortung hatten Sie in Ihrer letzten Stellung?
Welche in der vorhergegangenen Stelle?
Sind Sie das, was man einen verantwortungsbewußten Menschen nennt?
Verantwortung bedingt Verantwortungsbereitschaft, aber auch Risiko. Sind Sie risikofreudig?
Wägen Sie in wichtigen Entscheidungssituationen lange ab?
Warum? Warum nicht?
Wann gehen Sie auf »Nummer sicher«?
Wenn Sie eine Entscheidung vorbereiten, wie gehen Sie dann vor? Illustrieren Sie das an einem Beispiel.
Nehmen wir den praktischen Fall ... wie würden Sie entscheiden?
Soll man schon mal eine Entscheidung auf sich nehmen, auch wenn sie durch den Kompetenzrahmen nicht gedeckt ist?

Belastbarkeit

Wieviel Stunden arbeiten Sie täglich?
Machen Sie Überstunden?
Haben Sie darüber hinaus private Verpflichtungen? Welche?
Was taten Sie im letzten Jahr in Ihrer Freizeit?
Um uns richtig zu verstehen: Auch Ihre private »Bewältigungskapazität« kann Zeichen Ihrer Belastbarkeit sein!
Welche Bedeutung hat für Sie die Familie, die Ehe?
Was sind Ihnen die Kinder?
Haben Sie ein Amt inne?
Treiben Sie Sport? (Ggf. welchen und mit welcher Intensität?)
Sind Sie eher körperlich, geistig oder seelisch belastbar?
Wie wünschen Sie sich in Ihrer neuen Aufgabe den Arbeitsalltag?

Kooperationsverhalten

Arbeiten Sie lieber allein oder in der Gruppe?
Warum?
Welcher Aussage stimmen Sie eher zu: »Die Gruppe ist mehr als der einzelne« oder »in kritischen Situationen kommt es auf den einzelnen an«?
Sind Sie in der Regel »Führer« oder »Geführter«?
Macht es Ihnen etwas aus, in einer Gruppensituation mit Ihrer Meinung zurückzuhalten, wenn dadurch der Fortgang der Diskussion gefördert wird?
Wollen Sie bestimmen?
Was tun Sie, wenn ein anderer mit Ihnen um die Führung rivalisiert, dies aber nicht zugibt?
Arbeiten Sie lieber auf sich gestellt oder in der Gruppe?

Persönliche Beziehungen

Persönliche Beziehungen sagen alles oder jedenfalls viel über folgende Persönlichkeitsfaktoren aus:
Kontaktfreudigkeit, aktives Kontaktstreben – oder Neigung zur Abgeschlossenheit;
Dominanz oder Ein- bzw. Unterordnung;
Energie und Tatkraft;

Mißtrauen, Argwohn;
Ängstlichkeit oder Couragiertheit; Konservativismus oder Progressivität (bis hin zum echten Radikalismus);
Eigenständigkeit oder Abhängigkeit;
»Sensibilität« oder »Robustheit«.

Gfs. Rückgriff auf Kindheit und Jugend:
Klassengemeinschaft, Jugendbund, Hochschulgruppe;
Kameraden und Freunde;
Sprecheramt, Rolle in der bzw. in den verschiedenen Gruppen ...

Führungsfähigkeiten

Wann hatten Sie – auch außerhalb des beruflichen Weges – Ihre erste Führungsaufgabe?
Worauf kam es dabei an?
Kann man sagen, daß Sie eher zu den Führenden oder den Abwartenden in »führungsträchtigen« Situationen gehören? Möchten Sie gerne bestimmen, was jeweils geschehen soll?
Genügt es Ihnen z.B., der »Endsieger« zu sein, d.h. überlassen Sie das Geschehen auch mal sich selbst und die Führung anderen, wenn Sie gewiß sind, sich am Ende doch durchzusetzen?
Welche der folgenden Eigenschaften bzw. Verhaltensweisen gehören nach Ihrem bisherigen Lebensweg zu Ihnen bzw. sind für Sie typisch:

emotional stabil	oder	Verhalten je nach Situation
leichtlebig u. heiter	oder	abgeschlossen u. eher gewissenhaft
sich behauptend, dominant	oder	Mißtrauen, wo nötig
Gewissenhaftigkeit u. stetes Verantwortungsbewußtsein	oder	pragmatischer Realismus, auch impulsiv entscheidend
couragiert, abenteuerlustig	oder	reserviert, nachdenkend
selbstgenügsam	oder	sich Menschen anschließend
dynamisch	oder	sorgfältig
starke Willenskontrolle	oder	lässige Haltung

Freizeitbeschäftigungen

Zur Abrundung des Bildes über die Gesamtpersönlichkeit darf man das Private nicht auslassen:
Geselligkeit, Wochenende, Urlaub, Reisen;
Rundfunk, Fernsehen, Kino, Theater:
Tagespresse, Illustrierte, Bücher;
Hausmusik, Gruppentreffen, Sport;
Haus, Haustiere, Garten.

Was tut er auf diesen Gebieten, in diesen Zeiten?
Was gefällt? Was macht Spaß?

Fragen und Antworten sprechen in der Regel für sich.

Dennoch gibt es keine »unfehlbaren« Fragenkataloge mit systematisch einzuordnenden Antworten. Der Interviewer, Prüfer oder Entscheidende muß die erhaltenen Antworten auf ihre Aussagefähigkeit und Gültigkeit hin einordnen, bewerten und gewichten, gegebenenfalls in einem zweiten Gespräch überprüfen und mit dem bisherigen Lebensweg des Bewerbers vergleichen. Seine Beurteilung bedeutet – so oder so – die jeweils gültige Entscheidung in einer Personalfrage, die für den Bewerber, ihn selbst und den Betrieb positive oder negative Folgen haben wird.

Assessment-Center

I. Grundsatzfragen

Welche Zielsetzung?   Assessment als
                                                 – Auswahlseminar? (a)
                                                 – Beurteilungsseminar? (b)
                                                 – Personalentwicklungsseminar? (c)

Welche Ergebnisse?

Danach sind die im Assessment zu erzielenden Ergebnisse festzulegen:

(a) Leistungs- und Persönlichkeitsprofil in bezug auf eine bestimmte Stelle

(b) Intellektuelle, charakterliche, persönlichkeitsbezogene und andere Merkmale und Fähigkeiten der Person(en); in der Regel im 16 PF-Profil dargestellt

(c) An der betriebsbezogenen qualitativen Personalplanung orientierte Voraussetzungen, Eigenschaften und Fähigkeiten für bestimmte Laufbahnen oder Trainee-Programme.

II. Wichtige Vorbedingungen

Welche Anforderungsprofile?

Sind Anforderungsprofile für

a) bestimmte Stellen (Auswahlseminar)
b) Persönlichkeitsmerkmale (Beurteilungsseminar)
c) 16 PF-Profil etc. (Personalentwicklungsseminar) erstellt?

Sind sie realistisch?

Welche Beurteilungssysteme?

Liegen die Beurteilungsgrundsätze fest?

Wie lauten sie im einzelnen?

Ist die Beurteilung standardisiert?

Ist sie skaliert? (Wenn nicht: wie, durch welche Methoden soll die Vergleichbarkeit gewährleistet werden?)

Welche genau definierten Beurteilungsmerkmale sind vorgegeben?

Wer ist Leiter?	Ist er sachkundig?
	Ist Neutralität gewährleistet?
Wer nimmt als Beobachter teil?	Sind die Beobachter geschult?
	Ist der künftige Vorgesetzte des »Gesuchten« dabei?
Wer entscheidet?	Wie setzt sich das Entscheidungsgremium zusammen?

III. Details

Beobachtungskriterien	(Anders als die Beurteilungskriterien sind die Beobachtungskriterien jedermann direkt zugänglich.)
	Was soll beobachtet werden?
	Sollen alle Beobachter alles beobachten?
	Oder wie soll das zu beobachtende Verhalten pro Beobachter aufgeteilt werden?
	Sind konkrete Beobachtungseinheiten nach systematischem Plan entwickelt worden?
	Ist sichergestellt, daß alle Bewerber bzw. Teilnehmer nach denselben Gesichtspunkten beurteilt werden?
	Ist dafür gesorgt, daß die Urteile miteinander vergleichbar sind?

Programm/Übungen	Was sollen die Teilnehmer tun?
	Welches Programm verspricht die besten Ergebnisse in bezug auf die Zielsetzung?
	Achtung: Trainingsziele realistisch setzen und klar formulieren.
	Trainingsmethode dem Ziel anpassen.
	Zeiten für Übungen und Auswertungen nicht zu kurz bemessen.
	Welche Übungen bieten sich an:
	Persönliche Vorstellung? Darstellung des eigenen Lebens? Zweier-Übung »Ich stelle meinen Partner vor«? Lebenslaufanalyse? Gruppendynamische Übungen? Planspiele? Postkorbübung? Verkaufsgespräch? Das Organisationsproblem? Führungssimulation? Welche anderen Arbeitssituationen sollen simuliert werden? Welche Übungsaufgaben können Ergebnisse in bezug auf die Zielsetzung bringen?
Das Gruppengespräch	Soll das Ziel die gemeinsame Problemlösung sein (also Kooperation und Kommunikation)?
	Oder die Durchsetzung eigener Interessen gegenüber anderen?
	In welcher Phase soll für Streß und Konfliktstoff gesorgt werden?

(Wer moderiert diesen Teil psychologisch einfühlsam?)

Beobachtbares
Verhalten

Welche Rolle beginnt der einzelne Kandidat innerhalb einer Gruppe zu spielen?

Wem gelingt es, sich seine Wunschrolle zu sichern?

Wem wird die Rolle aufgezwungen?

In welcher Weise verteilen sich die Rollen?

Wer führt?

Wer tritt vor dem Stärkeren zurück?

Wer hat den Mut, seine Meinung auch gegen Widerstand zu vertreten?

Wer ist bereit und in der Lage, neue Ideen spontan zu entwickeln?

Wer nimmt zu den Ausführungen der anderen Stellung?

Wer ist konstruktiv und hilfreich, wer übt Kritik?

Wer hält sich zurück, steht dem Geschehen interesselos gegenüber?

Wer wagt sich über sein enges Fachgebiet nicht hinaus, wer nimmt nur dieses wichtig?

Wer beteiligt sich auch an Gesprächen, die den Rahmen der Diskussion sprengen?

Welche Eigenschaften der Kandidaten werden hinter solchem Verhalten sichtbar:

Kooperationsfreudigkeit, Kooperationsfähigkeit?
Kontaktfreudigkeit, Kontaktstreben?
Selbstdisziplin?
Dominanz?
Mut?
Hilfsbereitschaft?
Machtanspruch?
Geltungsbedürfnis
Prestigesucht?
Rechthaberei, Streitsucht?
Führerrolle, Geführtenrolle?
Bevorzugter Führungs- oder Verhaltensstil?

Die Entscheidungsmatrix

Besitzt man über die Bewerber alle notwendigen Informationen, so kann man diese auf verschiedene Weise auswerten:

a) Für jeden Bewerber kann der Ausprägungsgrad der Merkmale in das Formular »Persönlichkeitsprofil« eingetragen werden. Wer dem Soll-Profil am nächsten kommt, ist der aussichtsreichste Kandidat.

b) Man kann die Bewerber mit Buchstaben versehen und diese nebeneinander in das Profil eintragen. Aus dem nachstehenden Beispiel ist außerdem das Sollprofil zu erkennen, so daß die Entscheidung Merkmal für Merkmal am leichtesten vonstatten geht.

c) Will man auf einen Blick feststellen, wo jeder Bewerber seine Stärken hat, können die Werte der wichtigsten − unumgänglichen − Merkmale zusätzlich grafisch dargestellt werden.

Entscheidungsmatrix »Anforderungsprofil u. persönliche Entsprechungen«: Das Soll-Profil ist gestrichelt; die Persönlichkeitsmerkmale der Bewerber A, B und C sind in das jeweils zutreffende Feld eingetragen.

Persönlichkeitsprofile der Bewerber A, B, C

Persönlichkeitsprofil

Linke Eigenschaft	Profil	Rechte Eigenschaft
Kontaktfreudigkeit (Menschliche Nähe, Gefühlswärme)	B A,C	Abgeschlossenheit (Gefühlsarmut)
Intelligenz	C A B	Dummheit
Emotionale Stabilität	A B C	Emotionale Labilität
Dominanz (Selbstbehauptung, Machtbedürfnis)	CA B	Unterordnung
Zufriedene Heiterkeit	B C A	Neigung zu Depressionen
Verläßlichkeit (im Sinne allgemeiner oder gesetzter Regeln und Normen)	C A B	Unzuverlässigkeit (im allgemeinen und im Sinne gesetzter Regeln und Normen)
Unbekümmertheit (Forschheit)	B CA	Gehemmtheit (geringe Impulsivität)
Sentimentalität (Feingefühl)	A B C	Nüchterne Gefühllosigkeit
Mißtrauen (leicht enttäuscht)	C B A	Vertrauen (geringer Argwohn)
Pragmatischer Realismus	AC B	Primitive Ich-Bezogenheit
Nüchternheit/Korrektheit/Gewitztheit	C A B	Verträumtheit/Naivität
Ängstlichkeit (allgemein oder aus Schuldgefühlen)	B A C	Geringe Angst (nicht zu Schuldgefühlen und Skrupeln neigend)
Radikalismus	BC A	Konservatismus
Selbstgenügsamkeit (auf sich gestellt, auch: Einzelgängertum)	A C B	Auf Menschen ausgerichtet (sich den Menschen anschließend)
Selbstdisziplin (Willenskontrolle)	A C B	Geringe Selbstdisziplin (impulsiv, ungesteuert)
Nervöse bzw. Triebspannung	B C A	Geringe nervöse bzw. Triebspannung

213

Täuschungsmöglichkeiten vorbeugen[*]

Pauschalbehauptung auf den Einzelfall überprüfen	»Ich war immer schon in der Finanzbuchhaltung tätig.« – Gilt das auch für die Firma Mayer & Co.?
Beweis verlangen	»Ich verstehe alle Programmiersprachen.« – Können Sie diese Behauptung beweisen? Hier ist die Liste der in Frage kommenden Programmiersprachen.
Beispiele verlangen	»Das Product Management kann nur bei entsprechenden Vollmachten funktionieren.« – Können Sie dafür ein erfolgreiches bzw. ein weniger erfolgreiches Beispiel nennen?
Fakten anzweifeln	»Die Zahlen sprechen dafür.« – Welche Zahlen sind das? Woher haben Sie sie? Wie alt sind sie? Von welchen Autoritäten stammen sie?
Verallgemeinerungen überprüfen	»Wir haben laufend Umsatzzuwächse von 10 % gehabt.« – Gilt das auch für Ihr Gebiet? Mit welchem Umsatz sind Sie gestartet?

---

[*] Ergänzend zu den auf S. 24, 25 genannten Täuschungsmöglichkeiten werden hier insbesondere die Abwehrmethoden aufgeführt.

Begriffsdefinition verlangen	»Ich bin Kreativer in einer Werbeagentur.« – Was ist »kreativ«? Wer ist ein »Kreativer«? Was tut er?
»Theorie« abqualifizieren	»Ich bin Spezialist der Management-by-Kombination O, D und E.« – Das ist doch reine Buchweisheit. Wie soll denn das in der betrieblichen Praxis aussehen?
Ablenkung durch Angriff auf den schwachen Punkt	»Organisationsentwicklung – mein Spezialgebiet seit Jahren – ist das A und O der Unternehmenspolitik.« – Sie sollten nicht mit Visionen ablenken. Sagen Sie lieber, was Sie in unserem konkreten Fall tun würden.
Bedingte Zustimmung	»Nur Rationalisierungsmaßnahmen können heute den Betrieb retten. Ich schwöre auf die Methode X–Y.« – Das kann sein. Aber selbst wenn es so wäre, wer trägt dann die Verantwortung und das Risiko?
Persönlicher Angriff	»Von der EDV hängt alles ab. Ich bin Fachmann.« – Sie wollen wohl uns alle per EDV führen?!
Suggestivfragen formulieren	»Ich halte die Arbeitszeit immer genau ein.« – Sie haben wohl nichts gegen ein paar Überstunden?

Kompetenz anzweifeln	»Das beste ist das Marketingkonzept von Lomidal.« – Ich weiß nicht, ob gerade Sie aus dem Verkauf diese Sache neutral beurteilen können.
Persönlich verunsichern	»Ich beherrsche alle in der Anzeige genannten Arbeitsgebiete.« – Haben Sie schon einmal darüber nachgedacht, wie komplex bei uns diese Materie ist?
Schuldgefühle wecken	»Ich will ausscheiden, bevor es mit meiner Firma bergab geht.« – Sagen Sie mir doch, wieviel dazu Ihr jetziges Aufgabengebiet beigetragen hat.
Beredsamkeit durch Lob bremsen	»Ja, dazu kann ich folgendes sagen . . . Wir haben . . . Stets waren wir vorn an . . . mein organisatorischer Beitrag . . . und erst die Durchführung . . .« – Das ist ja allerhand, was Sie mir da erzählen. Aber sagen Sie mir doch bitte eines . . .
Die persönliche Einstellung durch absichtliche Schnitzer aufdecken	»Die Arbeit erscheint sehr interessant. Welche Repräsentations- und Reisemöglichkeiten sind damit verbunden?« – Der Frühstücksdirektor, ich meine der Positionsinhaber, sollte möglichst lange an einem Ort bleiben.

10 wichtige Anforderungen

Fachliches Wissen und Können

Fachliches Wissen und Können ist Grundvoraussetzung in fast allen Berufen.

Fragen Sie

- nach der Ausbildung
- dem bisherigen beruflichen Werdegang
- den bisherigen Tätigkeiten und Berufsunterbrechungen
- den Vorstellungen des Bewerbers von der angebotenen Stelle.

Prüfen Sie das Ausmaß der Vertrautheit mit der Arbeit.

Stellen Sie heraus, worauf es Ihnen beim fachlichen Wissen und Können besonders ankommt – und stellen Sie entsprechende Fragen.

Prüfen Sie, ob das Fachkönnen den vorhandenen Arbeitsanforderungen entspricht.

Gehen Sie auch auf kritische Momente des Arbeitsprozesses ein.

Das fachliche Wissen und Können hängt meist von bestimmten Ausprägungsgraden folgender Persönlichkeitsfaktoren ab:

- Intelligenz
- Verläßlichkeit
- Wirklichkeitssinn (pragmatischer Realismus)
- Selbstdisziplin
  u.a.

Kommt es auf niedrige nervöse bzw. Triebspannungen an, wie z.B. bei der Steuerung einer komplizierten Anlage, so ist die nervöse Spannung besondes ins Auge zu fassen.

Den Grund der nervösen Spannung stellt man fest

- in der äußeren Erscheinung, in den Bewegungen des Körpers, der Hände, des Kopfes, der Augen

- in den Hantierungen und Reaktionen auf Vorgänge in der Umwelt
- in der Ruhe oder Unruhe während des Bewerbungsgespräches
- in ruhigen oder hastigen Antworten
- im ruhigen oder plötzlichen Aufbruch.

Auffassungsgabe und Umstellungsfähigkeit

Auffassungsgabe und Umstellungsfähigkeit gehen in erster Linie
auf die angeborene Intelligenz zurück. Intelligenz kann sich zeigen
in Sprachbeherrschung, Rechengewandtheit, Raumvorstellung, Gedächtnis.

Lassen Sie entsprechende Fragen einfließen.

Fragen können sein:

Mußten Sie sich in Ihrer letzten (oder vorletzten) Stellung häufig um-
stellen?
Welche Ereignisse waren das? Wie haben Sie sich jeweils verhalten?
Wurde viel von Ihrer Auffassungsgabe verlangt?
Kam es öfter darauf an, daß man Einfälle hatte?
Bitte, nennen Sie einige Beispiele.
Macht es Ihnen Freude, durch einen guten Gedanken alltägliche oder
auch besondere Probleme zu lösen?

Prüfen Sie außerdem:

- »Schaltet« der Bewerber schnell oder langsam?
- Ist die verzögerte Reaktion auf Überlegung und Gründlichkeit
  oder auf ein Nicht-Wissen zurückzuführen?
- Ist er: einfallsreich? Hat er Phantasie? Vorstellungsvermögen?
- Ist er aufmerksam?
- Konzentriert er sich?
- Wie ist seine Merkfähigkeit? Sein Gedächtnis?
- Sind seine Aussagen sachlich richtig? Entsprechen sie der Reali-
  tät?

218

- Denkt er logisch und präzise?
- Sieht er das Wesentliche?
- Ist er Neuem gegenüber aufgeschlossen?

Wie ist die Wendigkeit des Bewerbers in neuen Situationen? Zeigt er Einsicht, Erkenntnis und Anpassung – oder bleibt er in enger Anlehnung an das einmal Gelernte? – Einsicht, Erkenntnis, Anpassung und Wendigkeit zeugen von Auffassungsgabe und Umstellungsfähigkeit.

Stellt er die Ereignisse seines Lebens glaubwürdig oder schief dar? Konnte er die Probleme, denen er ausgesetzt war, lösen oder ist er Problemsituationen lieber aus dem Wege gegangen? – Intelligente Menschen erkennen die Wirklichkeit und stellen sich darauf ein.

Stellen Sie entsprechende Fragen.

Letzter Punkt:

Intelligenz ist auch das Erfassen von Zusammenhängen und Beziehungen. Wie schneidet er dabei ab?
Weiß er z.B., was die Tagesproduktion ist, was Tages- oder Stundenumsatz sind? Welche Kosten in der Produktion anfallen, usw.?

Kritisches und systematisches Denken

Kritisches und systematisches Denken – zwar sehr wünschenswert, aber nicht immer vorauszusetzen – geht im wesentlichen auf angeborene und geübte Logik zurück. Logik und Systematik im Denken sind besondere Intelligenzmerkmale. Logik tritt immer dann auf, wenn ein Schluß aus bestimmten Vorgaben gewonnen wird. Dies sei am Beispiel einer Fachverkäuferin dargestellt. Machen Sie entsprechende Versuche.

Fragen Sie z.B.:

Gesetzt den Fall, daß eine Kundin unzufrieden und verärgert ist, welchen Ursachen würden Sie in welcher Reihenfolge nachgehen:

(a) Die beanstandete Ware prüfen und sagen, was daran richtig oder fehlerhaft war
(b) Die Kundin beruhigen
(c) Überlegen, ob ein Bedienungsfehler vorlag
(d) Die Aussagen der Kundin auf den Wahrheitsgehalt hin prüfen und entsprechend zu antworten
(e) Alles tun, damit die Kundin wiederkommt.

(Die »gute« Verkäuferin geht in der Reihenfolge (a), (c), (e), (b) vor, vermeidet möglichst (d).)

Wenn die Ware o.k. ist – worauf beruht nach Ihrer Einschätzung der Geschäftserfolg?

Bitte gewichten Sie 1 bis 5:

(1) Dem guten Namen des Geschäftes
(2) Der Präsentation der Ware
(3) Der Frische
(4) Der Bedienung
(5) Dem persönlichen Kontakt zu den Kunden.

(Die erfahrene Verkäuferin würde gewichten: (3), (2), (4), (1), (5). – Die »Auch-Verkäuferin«, mit weniger kritischer Gabe ausgestattet, würde etwa in der Reihenfolge (1) bis (5) urteilen.)

Prüfen Sie außerdem:

– Denkt die Bewerberin logisch und präzise?
– Ist sie Neuem gegenüber aufgeschlossen oder beruft sie sich auf Traditionen (»wir haben das immer so gemacht«)? – Kritisches und systematisches Denken führt stets zur Aufgeschlossenheit anderer oder Neuem gegenüber!
– Hat die Bewerberin ein falsches (vielleicht nur auf persönlichen Erlebnissen beruhendes und daher subjektives) Urteil oder ist sie um Objektivität bemüht?
– Denkt sie sorgfältig und systematisch?
– Ist das, was sie sagt, logisch und objektiv? Denkt sie also wirklichkeitsnah oder eher in Wunschbildern?

Qualität der Arbeitsergebnisse

Bei der Qualität der Arbeitsergebnisse stehen zwei Persönlichkeitsmerkmale im Vordergrund:

Die *Selbständigkeit*

äußert sich in der Art der Verrichtung der Arbeit ohne besondere Anweisung oder Beaufsichtigung und in der Fähigkeit zum Setzen eigener Ziele.

Selbständigkeit in der Arbeit geht auf die Neigung zurück, auch im Leben selbständig zu handeln und zu entscheiden, im Auf-sich-gestellt-sein im Sinne eigener Verantwortlichkeit.

Stellen Sie entsprechende Fragen in bezug auf die bisherigen Tätigkeiten: Wie selbständig war er dabei?

Hat er sich jeweils auf wechselnde Situationen flexibel eingestellt?

Hat er sich Menschen angeschlossen, wenn er in Schwierigkeiten geriet oder lieber unabhängig gehandelt?

War er »allseits beliebter Kollege« (das wäre eher ein Zeichen zum Aufgehen in der Gruppe) oder »anerkannt und respektiert« (meist Zeichen der unabhängigen, selbständigen Persönlichkeit)?

Die *Verläßlichkeit*

gibt Hinweise auf Gewissenhaftigkeit, Pflichtgefühl sowie Verantwortungsbewußtsein und -bereitschaft.

Prüfen Sie: Zieht sich durch seinen beruflichen und menschlichen Werdegang das, was man Verläßlichkeit nennt?

Hat er jeweils seine Pflichten erfüllt?

Ist er prinzipientreu oder eher schnell entschlossen (impulsiv, was oft ein Zeichen für geringe Verläßlichkeit ist)?

War er stets pünktlich? Hat er Termine immer eingehalten?

Hat er ein moralisches Gewissen?

Weitere Fragen können sein:

Worauf hat Ihr letzter Arbeitgeber besonderen Wert gelegt?

Was die Qualität der Arbeit anbelangt, worauf kommt es nach Ihrer Erfahrung in erster Linie an?
Würden Sie sagen, daß Sie Zusagen stets einhalten?
Menschen sind recht unterschiedlich im Grad der Sorgfalt, mit der sie eine Arbeit durchführen, – wie würden Sie sich in dieser Beziehung selbst einschätzen?
Man wird ja auch durch Erziehung und Selbstdisziplin geprägt . . .
Wie war das bei Ihnen? Sind Sie z.B. zur Selbstdisziplin erzogen worden? Hat sich das auch auf Ihr Arbeitsverhalten ausgewirkt?

Prüfen Sie außerdem:

Ist das bisherige Verhalten des Bewerbers – vom ersten Kontakt über die Terminabsprache, die Vorstellung und das Gespräch – zuverlässig gewesen?
War er sorgfältig? Gründlich?
Stimmte stets, was er sagte? (Oder redet er sich gelegentlich heraus?)
Ist er also ehrlich? Spricht er offen, sagt er die Wahrheit?

Letzter Punkt:

Sind die Sinnesfunktionen intakt? – Sehen, Hören, Tasten, Fühlen, Bewegungsapparat . . .

Arbeitsmenge – Quantität des Arbeitsergebnisses

Die geleistete Arbeitsmenge hängt nicht nur von der Eignung und den Fähigkeiten ab. Jeder Mensch hat seinen »individuellen Leistungsmaßstab«. Er beruht auf früher Gewöhnung und an den Forderungen der Umwelt sowie am Fleiß und der Arbeitsbereitschaft. Die Arbeitsmenge ist auch ein indirektes Ergebnis von Energie und Tatkraft.

Die »Arbeitsmenge«, die sich jemand vornimmt, die also für ihn typisch ist, ist u.a. daran zu messen

– was er sich regelmäßig vornimmt
– was jemand im Leben bewältigt hat

— »was er/sie schaffen kann«
— was man im privaten Bereich tut (Haushalt, Kinder, Hobby, Sport).

Stellen Sie entsprechende Fragen.

Wer viel bewältigt, greift schnell zu, zögert nicht, ist meist lebenspraktisch orientiert, optimistisch, beschwingt. Wenig Energie und Tatkraft bedeuten: wenig lebenspraktisch, vorsichtig-pessimistisch, leicht irritierbar, sorgenvoll.

Welchen Eindruck macht der Bewerber in dieser Hinsicht?

Weitere Fragen können sein:

Wie war in Ihrer letzten Stelle der Arbeitsanfall?
Wurde von jedem ein normales Maß oder zuviel verlangt?
Was ist Ihnen lieber: die Stoßzeiten oder die ruhigen Stunden?
Wie verhalten Sie sich, wenn Sie merken, daß Kunden ungeduldig werden? Wenn der Chef Sie dringend abberuft? usw.

Aus Verhalten und den Antworten kann man indirekt entnehmen:

— welches Tempo der Bewerber bei der Arbeit vorlegen dürfte
— ob er zügig und genau arbeitet
— ob er »viel wegschafft« oder eher zum Trödeln neigt
— ob er fleißig ist und ausdauernd.

Vergessen Sie nicht, die motorische Geschicklichkeit einzuschätzen:

— das Körpergeschick	Ist er beweglich, behende?
— das Handgeschick	Wie sind die Bewegungen der Hände?
— das Fingergeschick	Faßt er z.B. zart und sicher an?
— die Fingerbeweglichkeit	(Versuch am Arbeitsplatz!)

Entscheidungs- und Verantwortungsverhalten

Das Entscheidungs- und Verantwortungsverhalten unterscheidet den guten von dem mittelmäßigen oder schlechten Mitarbeiter mehr als manch andere Eigenschaft. Letztlich ist das Verhalten bei Entscheidungen und das dabei gezeigte Verantwortungsbewußtsein eine Frage der Persönlichkeit.

Es treten vier Persönlichkeitsfaktoren hervor, aus denen auf das Entscheidungs- und Verantwortungsverhalten geschlossen werden kann.

Die *Verläßlichkeit*

(Bereits bei »Qualität der Arbeitsergebnisse« näher erläutert.)

Die *Selbstdisziplin*

die u.a. daran zu erkennen ist, ob und wieweit sich jemand zusammennimmt. Wie er Widrigkeiten begegnet, Launen und Stimmungen abfängt und eigene Bedürfnisse hintenanstellen kann. Starke Ausprägung der Selbstdisziplin bedeutet: beständiges, gewissenhaftes Verhalten, sich selbst ständig kontrollierend; schwache Selbstdisziplin = Unbeherrschtheit, dem Gefühl und momentanen Impuls folgend, Bedürfnis »auszubrechen«.

Stellen Sie entsprechende Fragen!

Selbstdisziplin ergibt sich auch aus dem bisherigen Lebenslauf des Bewerbers!

Die *Korrektheit*

Ist der Bewerber vernünftig, klug und gewitzt oder eher das Gegenteil?
Hat er eine wirklichkeitsbezogene Einstellung?
(Schätzen Sie ihn als tüchtig ein?)
Ist er wirklichkeitsnah oder macht er sich etwas vor?
Wie nüchtern und korrekt ist er seinen bisherigen Verpflichtungen nachgekommen? Oder hat er manches auf die leichte Schulter genommen? Sich was vorgemacht?
Hat er seine Rechte und Pflichten so gewahrt, wie es einem entscheidungsstark und verantwortlich handelnden Menschen entspricht?

Die *Ängstlichkeit*

kann das Entscheidungs- und Verantwortungsverhalten beträchtlich beeinflussen. (Sie wirkt auch störend auf die Leistung).
Erscheint Ihnen der Bewerber ängstlich oder mutig?
Ist er schüchtern, scheu, zurückhaltend? (Das sollte Sie stutzig machen.)
Wie ist die Sprache, der Tonfall? – gerade-heraus, bestimmt oder leise und zurückhaltend?
»Packt er zu oder ist er zögernd«?
Hat er Angst vor Neuem, und will er sich absichern?
Neigt er zu Schuldgefühlen? (= Zeichen der Ängstlichkeit).
Wird er rot? Hat er eine erhöhte Atem- und Pulsfrequenz?
Angst kann situativ – z.B. nur im Bewerbungsgespräch – oder allgemein bedingt sein.
Beobachten Sie entsprechend und stellen Sie jeweils Fragen.

Weitere Fragen können sein:

Sie waren in Ihrer letzten Stellung selbständig?
Was durften Sie selbst entscheiden?
Wofür hatten Sie die Verantwortung?
Was durften Sie z.B. nicht selbst entscheiden?
Hat man Ihnen eventuell zu viel dreingeredet?

Im Umgang mit Vorgesetzten und Kollegen gibt es im Prinzip drei Möglichkeiten:

(1) Man arrangiert sich
(2) Man setzt sich durch
(3) Man geht Schwierigkeiten am besten aus dem Wege.

Wie würden Sie sich entscheiden? Was ist für Sie typisch?

Bei ausgeprägtem Entscheidungs- und Verantwortungsverhalten gewichtet der Bewerber (2), (1) und (3); bei mittlerem: (1), (2), (3); bei schwachem: (3), (1), (2).

Wenn ich mal offen fragen darf:

Erreichen Sie Ihre Ziele *stets, meist* oder nur *gelegentlich* gegen den Widerstand anderer?

Prüfen Sie außerdem aufgrund der bisherigen Aussagen und dem Erscheinungsbild der Person:

Würde der Bewerber eigenverantwortlich handeln?
Würde er Entscheidungen sofort treffen oder sie aufschieben?
Würde er Entscheidungen auf *andere* abschieben?
Würde er stets verantwortlich handeln?

Wie schätzen Sie das Entscheidungs- und Verantwortungsverhalten des Bewerbers insgesamt ein?

Einsatz und Initiative

Einsatz und Initiative hängen nicht nur vom guten Willen ab. Willenskräfte gehören zwar dazu, aber ebenso Motivation durch die Arbeit selbst. Schließlich spielt die persönliche Veranlagung eine Rolle. Deshalb sollte man mehrere Fragengruppen durchgehen:

Sie arbeiten regelmäßig oder nur von Zeit zu Zeit?
Weshalb arbeiten Sie?
Was sind Ihre Gründe für die Bewerbung?

Auf Ihre bisherigen Stellungen zurückkommend . . . Wo haben Sie sich besonders eingesetzt?
Haben Sie öfter Vorschläge gemacht?
Können Sie organisieren? Z.B. wenn es darum geht, unter verschiedenen Verrichtungen die optimale Reihenfolge zu bestimmen?
Wenn Sie so zurückdenken, – welche besonderen Leistungen haben Sie in den letzten Jahren vollbracht?

Was bedeutet Ihnen der Beruf des . . .?
Warum üben Sie ihn lieber als einen anderen aus?
Haben Sie eine gewisse Begeisterung für den Beruf?
Wofür möchten Sie sich am liebsten einsetzen?

Prüfen Sie aus Verhalten und Antworten:

- Wie ernst ist es ihm um Beruf und Stellung?
- Was bedeutet ihm die Aufgabe?
- Geht er die Dinge vernünftig und systematisch an?
- Ergreift er selbst die Initiative? Wird er von sich aus aktiv?
- Hat er eine eigene Meinung? Ist er selbständig?
- Will er etwas leisten, etwas gelten?
- Ist er diszipliniert? Handelt er stets so, wie es sein Wille ist?
- Macht es ihm Freude, mit dem Beruf seine Persönlichkeit zu verbinden?

Wie stark spielt das Gefühl bei ihm eine Rolle?
Ist er von Gefühlen, Launen oder Stimmungen abhängig?
Ist er eher verstandesbetont oder eher gefühlsbetont?
Der Gefühlsbereich sollte stabil sein!

Ausdauer und Belastbarkeit

Ausdauer und Belastbarkeit haben zwei Hauptquellen: die vitalen Kräfte und die Selbststeuerung. Mit vitalen Kräften oder Vitalität meinen wir die Lebenskraft und das Maß an körperlich-seelischer Spannkraft. Die Selbststeuerung ist individuell sehr unterschiedlich ausgeprägt: von sehr, sehr schwach (kann sich kaum beherrschen, fällt aus der Rolle) bis sehr, sehr stark (ist stets beherrscht, nichts kann ihn aus der Ruhe bringen).

Stellen Sie u.a. folgende Fragen:

Wie sind Ihre privaten Lebensumstände?
Wieviele Personen haben Sie zu versorgen?
Haben Sie außerdem noch Verpflichtungen?

(In dem, was eine Person bewältigt – oder nicht bewältigt! – zeigen sich Ausdauer und Belastbarkeit.)

Waren Sie in Ihrer letzten Stellung stark gefordert?
Wurden an Ihre Belastbarkeit schon einmal zu hohe Anforderungen gestellt?

Sind Sie immer fit, wenn es darauf ankommt?
Würden Sie sagen, daß Sie in Krisensituationen nie die Nerven verlieren?
Wenn es mal dick kommt, geraten Sie dabei schon mal in Panik?
Was könnte bei Ihnen eine Panik auslösen?

Auf welche Eigenschaften greifen Sie zurück, wenn es einmal hart im Leben kommt?

Es gibt empfindsame und nicht empfindsame Menschen; zu welchen würden Sie sich zählen?
Wer »viel um die Ohren« hat, sollte eine geringe Feinfühligkeit besitzen, nicht so schnell emotional reagieren. – Würden Sie dem zustimmen?
Sind Sie für die Gefühle anderer Menschen aufnahmefähig?
Fühlen Sie mit?
Welche Freizeitbeschäftigung lieben Sie?

Prüfen Sie außerdem:

– die körperliche Konstitution	– ob gesund, kräftig u. vital
– die Körperkraft	– ob sie insgesamt standhält
– die Vitalität	– Frische, Lebendigkeit
– die Antriebskräfte	– Ist er selbstbewußt und stark? Wie reagiert er auf Hinweise mit Aufforderungscharakter? (Wie z.B. »Ich erwarte, daß Sie immer zur Stelle sind, wenn das Geschäft es verlangt.«) Zeigt er Reaktionen, die auf *innere Dynamik* schließen lassen?

Fragen Sie sich zum Schluß:

Würde er auch unter Belastung stets einen klaren Blick behalten?
Wird er durchhalten?

Zusammenarbeit – Kooperation und Kommunikation

Reibungsloses und harmonisches Zusammenarbeiten muß man *nicht nur wollen*, man muß die notwendigen Charakteranlagen dazu haben! Hierzu gehören u.a. Freude am Kontakt, Vertrauen (und nicht Mißtrauen!) anderen gegenüber, gemäßigte Grundhaltung (und keineswegs radikale Neigungen!) sowie gute Selbstdisziplin!

Fragen Sie u.a.:

Arbeiten Sie lieber allein oder in der Gruppe?
Inwieweit darf man bzw. sollte man auf ein gutes Einvernehmen mit den Kolleginnen und Kollegen bauen?
Wenn Sie an Ihre früheren Beschäftigungen zurückdenken: Was haben Ihnen die Kollegen persönlich bedeutet?
Eine Gewissensfrage: Was ist für Sie wichtiger, das Einvernehmen mit dem Chef/der Chefin oder das gute Einvernehmen mit den Kollegen?

Prüfen Sie außerdem nach den bisher erhaltenen Antworten auf Ihre Fragen und nach Ihrer Gesamteinschätzung des Bewerbers:

- Ist er anpassungsfähig und kollegial?
- Ist er selbständig und sicher?
- Schätzt er sich realistisch ein oder hat er Minderwertigkeits- oder Überheblichkeitsgefühle?
- Hat er Taktgefühl?
- Ist er hilfsbereit?
- Könnte er für guten Teamgeist sorgen?
- Würde er in der Gruppe Autorität besitzen oder eher die »graue Maus« sein?

Zum Schluß zwei wichtige Überlegungen:

Ist er ein- und unterordnungsbereit oder von starker Selbstbehauptung? Das erstere wäre von Vorteil in der Führung (!), nicht aber in der Selbständigkeit. Das letztere kann Nachteile mit sich bringen, weil es die Rangordnung – wer ist dann die »Nummer 1« die »Nummer 2« usw.?! – unter den Gruppenmitgliedern stören könnte.

Ist er realistisch und schenkt er anderen Vertrauen – oder ist er mißtrauisch und argwöhnisch? (= Störung der Zusammenarbeit – und Nachteil im Umgang mit Kunden!)

Verhalten im Kundenverkehr

Mit dem Verhalten im Kundenverkehr steht und fällt der Beruf des Verkäufers. Richtiges Verhalten geht vorwiegend auf drei Persönlichkeitsmerkmale zurück:

Die *Kontaktfreudigkeit*

äußert sich in den Neigungen zum Umgang mit Menschen, zur Geselligkeit, zum Aufgehen in der Umwelt und in der Gegenwart. Sehr kontaktfreudige Menschen entpuppen sich gelegentlich als »sinnesfrohe Gegenwartsmenschen«, aber auch als »tatkräftige Praktiker«. – Das Gegenteil, d.h. die sehr schwache Ausprägung der Kontaktfreudigkeit wäre: Gern allein sein, auf sich bezogen leben, auf seine abgegrenzte Individualzone achten.

Stellen Sie entsprechende Fragen.

Das *aktive Kontaktstreben*

ist wichtig im Kundenverkehr, das sichere, entschlossene Zugehen auf den anderen. Man muß jedoch darauf achten, daß diesem Streben nicht zu deutlich das Gefühl der eigenen Geltung oder Wirkung auf andere zugrunde liegt! (Denn der Verkäufer soll ja anderen das Gefühl der Beachtung und Geltung geben.)

Fragen Sie z.B., welche Kontakte der Bewerber beruflich und privat hält, und versuchen Sie herauszubekommen, ob er diese, wenn sie seinen Zielen und Strebungen nicht dienlich sind, schnell wieder aufgibt. (Ist er also loyal, fair und treu oder eher ich-bezogen?)

Die *angepaßte Aggressivität*

Aggressivität – im Kundenverkehr vollkommen unerwünscht –
zeigt sich in dem Bestreben, sich durchzusetzen, die Dinge zu verändern, sich gegenüber Bestehendem aggressiv zu verhalten und geltende Regeln des Verhaltens zu mißachten.

Aggressivität kann man feststellen

– im Auftreten (Gang, Haltung, Bewegungen, Stimme)
– im Blick (wirkt leicht herausfordernd)
– in den Reaktionen (schon bei dem Gefühl, scheinbar angegriffen
  zu sein, reagiert der Bewerber überzogen oder aggressiv)
– in den bisherigen Berufs- und Lebensentscheidungen.
  (Waren sie angepaßt und vernünftig oder von Aggressivität und
  Radikalismus gekennzeichnet?)

Prüfen Sie außerdem:

Was bedeutet dem Bewerber der Umgang mit Menschen?
Welche Kundengruppen bevorzugt er?
Versteht er sich mit allen Altersgruppen?
Wo liegen seine Interessen und Neigungen?
Kann er Kunden motivieren?

Das Äußere – die Sprache:

Wie ist die körperliche Erscheinung? – Kleidung, Gepflegtheit, Kör-
perhaltung?
Wie ist der Umgangston, das Auftreten?
Welche Gesten fallen Ihnen auf? welche Mimik?
Hält er Augenkontakt?
Wie spricht er? Kann er Fragen richtig stellen?
Hat er eine natürliche Sprache und Stimmlage?
Zeigt er Verhandlungsgeschick?

Fußnotenverzeichnis

[1] Zitat bei Hermann, Theo, Lehrbuch der empirischen Persönlichkeitsforschung, Göttingen, 1976.

[2] Vergl. Heinrich Dirks, Psychologie 1960 und spätere Veröffentlichungen.

[3] S. Rosner: Die Führungspersönlichkeit Landsberg 1983 und Rosner: Schwierige Verhandlungspartner und Schwierige Mitarbeiter: Würzburg 1982 bzw. 1983.

[4] Vergl. auch Meierhofer, M., Frühe Prägung der Persönlichkeit, Bern, 1981.

[5] Vergl. Ackermann, A. Menschenkenntnis, Thalwil-Zeh, 1947.

[6] Vergl. Rosner, L., Die Führungspersönlichkeit, Landsberg, 1983 sowie Meierhofer, M., Frühe Prägung der Persönlichkeit, Stuttgart, 1981.

[7] Das Persönlichkeitsprofil entspricht dem sich in der betrieblichen Praxis bewährenden Stelleninhaber.

[8] Die 16 Persönlichkeitsfaktoren basieren auf R.B. Cattells System, sind mit diesem aber nicht identisch.

[9] Vergleiche Cattell, R.B., Die empirische Erforschung der Persönlichkeit, Weinheim, 1973.

[10] Vergl. a. Schneewind, Klaus A., Persönlichkeitstheorien I, S. 251 f., Darmstadt , 1982 sowie Hermann, Theo, Lehrbuch der empirischen Persönlichkeitsforschung, S. 297 f., Göttingen, 1976.

[11] In Anlehnung an Schneewind/Schröder/Cattell, Experimentalform der 16 PF-Tests, Stuttgart, 1979.

[12] Nach R.B. Cattels System, basierend jedoch auf der vom Verfasser verwendeten betriebsnahen Fassung.

[13] Vergl. a. Rosner, L., Voraussetzungen, Eigenschaften und Fähigkeiten der Führungs-Persönlichkeit, S. 97 ff., Zürich/Landsberg, 1983.

[14] Vergl. Rosner, L., Voraussetzungen, Eigenschaften und Fähigkeiten der Führungspersönlichkeit, S. 115–149, Zürich/Landsberg, 1983

232

Literaturverzeichnis

Ackermann, A.: Der Vorgesetzte, Wädenswil, 1954
Arnold, W.: Person, Charakter, Persönlichkeit, Göttingen, 1962
Brandstätter, H., Schuler, H. und Stocker-Kreichgauer:
  Psychologie der Person, Stuttgart, 1978
Cattel, R.B.: The scientific analysis of personality, Harmondsworth, 1965
Cattel, R.B.: Factor theory psychology: a statistical approach to personality,
  Chicago, 1965
Cattell/Schröder/Wagner: Verification of the Structure of the 16 P.F.
  Questionnaire in german. Psych. Forsch. 32, 1969
Cattell, R.B.: Die empirische Erforschung der Persönlichkeit, Weinheim, 1973
Dirks, H.: Die Personalbeurteilung, Handbuch der Psychologie,
  Band 9 Betriebspsychologie, Göttingen, 1961
Eysenck, H.J.: Persönlichkeitstheorie und Psychodiagnostische Tests,
  Diagnostica 11, 1965
Gehlen, A.: Die Seele im technischen Zeitalter. Sozialpsychologische Probleme in der
  industriellen Gesellschaft, 4. Auflage 1961
Hermann, Th.: Lehrbuch der empirischen Persönlichkeitsforschung, Darmstadt 1976
Kompa, Ain: Personalbeschaffung und Personalauswahl, Stuttgart, 1984
Korff, H.: Menschen beurteilen und Menschen führen, Heidelberg, 1974
Lückert, H.R.: Mitarbeiter auswählen, beurteilen und führen, München, 1966
Meierhofer, M.: Frühe Prägung der Persönlichkeit, 4. Auflage Bern, 1981
Macioszek, H.-G. und Bolte, E.A.: Checklist Personal, München, 1979
Petrilowitsch, N.: Zur Psychologie der Persönlichkeit, Darmstadt, 1967
Rosner, L.: Moderne Führungspsychologie, 3. Auflage München, 1973
Rosner, L.: Voraussetzungen, Eigenschaften und Fähigkeiten
  der Führungspersönlichkeit, Zürich und Landsberg, 1983
Sader, M.: Psychologie der Persönlichkeit, München 1980
Schirmer, A.: Psychologie des Auszubildenden, Heidelberg, 1984
Schneewind, Klaus A.: Persönlichkeitstheorien I, Darmstadt 1982
Schneewind/Schröder/Cattell, Experimentalform des 16 PF-Tests, Stuttgart, 1979

Stichwortverzeichnis

Abwehrmechanismen 35
Affekte 34, 42, 48, 80
Aggression 35
Aggressivität 34, 231
Anforderungsprofil 43, 93, 103, 108, 109, 110, 112, 113, 115, 116, 119, 158, 165, 190, 193, 194, 200, 208, 212
Anlagen 14, 16, 18, 31, 41, 45, 46, 47, 49, 54, 55, 56, 57, 58, 59, 60, 64, 65, 67, 74, 75, 100
Anlagen und Umwelt 77, 195
Antipathie 20, 53, 197
Assessment 23, 142, 207, 208
Assessment-Center 23, 89, 90, 93, 94, 96, 97, 100, 207
Auftreten 12, 80, 83, 90, 197, 231

Beurteilungsfehler 21, 24

Charakter 28, 35, 36, 37, 38, 39, 40, 41, 46, 73, 74, 85, 86, 88, 89, 90, 91, 92, 93, 110, 111, 144
Charaktere 38, 45, 87, 109

Dynamik 30, 33, 77, 86, 90, 150

Elemente
- dynamische 29, 32, 86
- statische 29, 32, 86
Erscheinung 12, 27, 80
Erscheinungsbild 37, 34

Gruppengespräch 210

Ich 16, 17, 19, 36, 38, 39, 40, 41, 42, 67, 69, 70
Interview 56, 80, 99, 100, 198, 201
Irrtum 11

Konstrukte 22, 24

Lebenslaufanalyse 45, 56, 65, 85, 88
Leistung 12, 13, 23, 50, 77, 83, 109, 225

Minderwertigkeitsgefühl 34, 66, 229
Motive 18, 19, 25, 34, 35, 36, 39, 40, 41, 42, 51, 52, 53, 64, 89, 111,
    190, 195

Persönlichkeit 13 ff, 22, 24, 27 ff, 50, 56, 59 ff, 73 f, 80, 86, 88, 91,
    96, 109 ff
Persönlichkeitskonstrukte 66
Persönlichkeitsmerkmale
- dynamische 32
- statische 32
Persönlichkeitsprofil 43, 95, 97, 98, 106, 109, 110, 115, 121, 135, 159,
    190, 194, 200, 208, 212 f
Personalplanung 208
Personenwahrnehmung 19, 21

Selbstbewußtsein 34, 80
Selbstwertgefühl 30, 35, 52, 53
Stellenbeschreibung 103, 108, 109, 112 f, 159, 190, 193 f
Sympathie 20, 53, 197
Sympathiefehler 25

Täuschung 11, 12, 27
Täuschungsmöglichkeiten 22, 24, 41, 197, 214

Umwelt 14, 16, 17, 18, 31, 34, 35, 40, 45 ff, 50, 54, 55, 57,
    58, 59, 61, 62, 64, 66, 67, 74, 86, 203

Vorstellungsgespräch 27, 28, 73, 81, 196, 200

Wahrnehmung 19, 20, 22, 53

Zusammenarbeit 13, 112, 229